HEYNE KOCHBÜCHER

Gabriele Redden

NEUES aus dem Römertopf®

Gegart im eigenen Saft
Über 150 Rezepte für Fisch-, Fleisch-
und Gemüsegerichte

Originalausgabe

WILHELM HEYNE VERLAG
MÜNCHEN

Heyne Kochbuch
07/4722

> Besuchen Sie uns im Internet:
> **http://www.heyne.de**

Umwelthinweis:
Dieses Buch wurde auf
chlor- und säurefreiem Papier gedruckt.

2. Auflage

Lektorat: Nicole Fischer
Copyright © 1998 by Wilhelm Heyne Verlag GmbH und Co. KG, München
Printed in Germany 2000
»Römertopf®« ist eine eingetragene Marke der Firma
Römertopf Verwertung GmbH & Co. KG;
die Verwendung der Marke erfolgt mit freundlicher Genehmigung
Umschlaggestaltung: Atelier Ingrid Schütz, München
Umschlagfoto: Ulla Mayer-Raichle, Kempten
Innenfotos: Fotostudio Teubner, Füssen Seite 33, 67, 101, 115, 149;
Archiv der Autorin Seite 183
Satz: Schaber Satz- und Datentechnik, Wels
Druck und Bindung: RMO-Druck, München

ISBN 3-453-13832-5

INHALT

EINLEITUNG 7
  Ein paar Regeln gibt es schon 9
  Formen 11
  Was passiert beim Garen im Tontopf? 11
  Warum ist Kochen im Römertopf® so gesund? 11
  So füllen Sie das Gargut in den Römertopf® 12
  So garen die Gerichte im Backofen 13
  So servieren Sie im Römertopf® 13
  Was macht der Römertopf® in der Mikrowelle? 14
  Das Angleichen von normalen Rezepten
  für den Römertopf® 14
GLOSSAR 15

REZEPTTEIL

Suppen und Eintöpfe aus dem Römertopf® 21
Gemüse im Römertopf® 39
Fisch im Römertopf® 55
Geflügel aus dem Römertopf® 68
Fleisch aus dem Römertopf® 98
  Schwein 98
  Kalb 116
  Rind 122
  Lamm 134
Pikante Aufläufe 141

Backen im Römertopf® 156
Desserts aus dem Römertopf® 164
Der Römertopf® in der Mikrowelle 178
Extrarezepte 193
Rezepte nach Sachgruppen 203
Alphabetisches Rezeptverzeichnis 209

Abkürzungen und Erklärungen:

EL = Eßlöffel
TL = Teelöffel
kg = Kilogramm
g   = Gramm
l   = Liter
ml = Milliliter
Msp = Messerspitze

kcal = Kilokalorie
kJ   = Kilojoule
KH   = Kohlenhydrate
E   = Eiweiß
F   = Fett

Wo nicht anders angegeben, sind die Rezepte für 4 Personen berechnet.

Einleitung

In Tontöpfen zu kochen hat in fast allen alten Kulturen der Welt Tradition, denn der Rohstoff Lehm ist überall zu finden. Auch heute noch kochen Naturvölker in Südamerika, Afrika und Australien in Tontöpfen. Eine der ältesten Verwendungsarten war vermutlich, ein Stück Fleisch oder einen Fisch mit feuchtem Lehm zu umhüllen und ins offene Feuer zu legen. So konnte nichts verbrennen, und Fleisch oder Fisch garte ohne Aromaverlust und zudem gesund – doch darüber dürften sich unsere Vorfahren wohl kaum Gedanken gemacht haben. Sobald der Lehmmantel abgekühlt war, zerschlug man ihn, und das Mahl konnte beginnen.

Schließlich formte man aus Lehm Töpfe und Gefäße, ließ sie an der Sonne trocknen oder brannte sie. Sie waren ideal zum Aufbewahren von Lebensmitteln, z. B. von Getreide oder Öl, und vor allem zum Kochen. Sie dienten überall den gleichen Zwecken, aber die Fertigkeiten der einzelnen Völker, die Geschirre herzustellen, waren sehr unterschiedlich. Ob man in großen Gefäßen Wein und Öl aufbewahrte oder transportierte oder ob man mit Tontöpfen kochte, setzte unterschiedliche Herstellungsweisen voraus.

Die alten Ägypter bereiteten ihre Mahlzeiten bereits in flachen, verschließbaren – dem Römertopf®, so wie wir ihn heute kennen, schon sehr ähnlichen – Tonpfannen und Tongefäßen in Form von Halbkugeln über offenem Feuer zu, wie man auf antiken Wandmalereien in den Pyramiden sehen kann.

Die Griechen wiederum entwickelten die ersten Herde, mit

anderen Worten: geschlossene Feuerstellen, auf denen in Tontöpfen mit einem flachen Boden gekocht wurde.
Im Mittelmeerraum und auch in Nordeuropa verbreiteten vor allem die Phönizier, ein Seefahrer- und Handelsvolk, und die Griechen ihre Töpferwaren und verrieten allerdings damit auch, wie man qualitativ gute Töpfe herstellte. Die Kelten, die vorwiegend Metall verarbeiteten, waren vom tönernen Kochgeschirr so begeistert, daß sie Töpfe und Pfannen aus dem Mittelmeerraum so gut nachahmten, daß Archäologen heute kaum mehr feststellen können, ob es sich um heimische oder importierte Keramiken handelt.

Meister in der Herstellung von Kochgeschirren aus Ton waren schließlich die Römer, sie verfeinerten die Qualität des Rohstoffes und damit auch die Möglichkeiten, die Töpfe für immer bessere Kochergebnisse einzusetzen – bekannterweise waren die Römer auch Gourmets. Ihre Kochkunst war beachtlich, wie in den Aufzeichnungen von Aspicius und Lukullus nachzulesen ist.

Doch das römische Reich ging unter, und die anschließende große Völkerwanderung im 4. und 5. Jahrhundert brachte die Ordnung der alten Welt durcheinander. Die Kochkunst fiel weit hinter das hohe Niveau der Römer zurück.
Im frühen Mittelalter wurde die Art der Ernährung durch die christliche Kirche geprägt und kontrolliert: »Je weniger der Mensch seinen Magen füllt, um so mehr wird seine Seele bereichert«, lautete die Devise. Und wer wenig ißt, muß auch nur wenig kochen.
Bis ins 11. Jahrhundert läßt sich nur eine Geschirrform nachweisen: der Topf. Das Material: Ton. Dieses Universalgefäß wurde zum Kochen, zum Pökeln, zum Aufbewahren und für vieles mehr verwendet. Dann aber trat das Metall seinen Siegeszug durch die Küchen an, und der Tontopf geriet in Vergessenheit.

Erst um die Mitte des 20. Jahrhunderts wurde der »Römertopf®« wiederentdeckt und mit ihm die erstaunliche Erkenntnis, daß er ein ausgesprochen modernes Kochgerät ist, das den neuesten Anforderungen der Ernährungswissenschaft entspricht: Die Speisen werden nährstoffschonend im eigenen Saft, fast ohne Fett gegart. Außerdem ist die Zubereitung von Gerichten im Römertopf® problemlos einfach: Die Zutaten werden in den Topf gegeben, der Deckel wird geschlossen und das Ganze in den Backofen gestellt.

Ein paar Regeln gibt es schon:

- Den neu gekauften Römertopf® sollten Sie zunächst einmal kräftig ausbürsten, damit sich eventuell vorhandener Tonstaub löst. Anschließend stellen Sie ihn für etwa **30 Minuten in kaltes Wasser**, wobei er vollständig mit Wasser bedeckt sein muß.
- Auch vor jeder späteren Verwendung muß der Römertopf® mindestens 15 Minuten gewässert werden. Wer Suppen oder Eintöpfe kochen will, hält **Topf und Deckel wenigstens 30 Sekunden** unter fließendes kaltes Wasser. Wenn aber ein Braten im Römertopf® zubereitet wird, ist es wichtig, sich an die Mindestzeit des Wässerns zu halten. Damit Sie dies nicht vergessen, wird in jedem Rezept darauf hingewiesen.
- Der Römertopf® darf **nur** im **Backofen**, **nicht** auf dem **Herd** verwendet werden. Und: Stellen Sie den Römertopf® **niemals** unter den **Grill** und **niemals** in die **Tiefkühltruhe**. **Grundsätzlich** wird er immer in den **kalten Backofen** geschoben, und dann wird die Temperatur gewählt.

- Stellen Sie einen **Gasofen niemals sofort auf höchste Stufe,** sondern gehen Sie in zwei Schritten vor. Heizen Sie in den ersten fünf Minuten auf mittlerer Temperatur. Dann stellen Sie die im Rezept angegebene Temperatur ein.
- Während des Garens **niemals kalte Flüssigkeit** zugießen. Wärmen Sie Brühe, Wasser etc. vorher an – aber nicht kochen lassen! Ansonsten bleibt der **Deckel geschlossen**. Nur zum Überkrusten gegen Ende der Garzeit nehmen Sie den Deckel ab. Die **heiße Form** am besten **auf einen Untersatz**, ein Holzbrett o. ä. stellen. Auf einer kalten Fläche könnte sie zerspringen.
- Der Römertopf® wird mit **leichtem Essigwasser** und ein **paar Tropfen Spülmittel** gereinigt. Danach wird er mit **klarem Wasser** gründlich abgespült. Bevor Sie ihn wegstellen, muß er ganz trocken sein.
- **Eingebrannte Nahrungsreste** entfernen Sie, indem Sie den Topf in heißem Wasser mit wenig Spülmittel einweichen. Hartnäckige Krusten lösen sich, wenn der Topf über Nacht eingeweicht wird. Dies empfiehlt sich auch, wenn Sie kräftige Gerichte zubereitet haben, deren Gerüche Sie aus dem Römertopf® entfernen wollen.
- Nach etwa **hundert Einsätzen** sollte der Römertopf® eine **halbe Stunde** in Wasser **ausgekocht** werden. Danach sind die **Poren** wieder **frei** und **speichern Wasser** wie am ersten Tag.
- Aufbewahrt wird der Römertopf® – beide Hälften ineinander gestapelt – im **Topfschrank**, wo sich kein Küchendunst darauf absetzen kann.

Formen

Römertöpfe® gibt es in sehr unterschiedlichen Formen und Größen. Sie sind rund, oval, rechteckig mit abgerundeten Ecken, es gibt sie auch in verschiedenen Tierformen, von den Verzierungen darauf ganz zu schweigen. Wichtig ist nur die Größe: Der Topf sollte einerseits nicht zu voll gefüllt sein, andererseits macht es keinen Sinn, kleine Mengen in einem großen Topf zu garen. Und aus geschmacklichen Gründen können Sie zwar Gemüse- und Fleischgerichte im selben Topf garen, Sie sollten aber Fisch in einem anderen und Süßspeisen in einem dritten Römertopf® zubereiten.

Was passiert beim Garen im Tontopf?

Der gewässerte Topf speichert Wasser, das während des Kochvorganges in Form von Dampf in das Topfinnere abgegeben wird und so ein einzigartiges Garklima schafft, in dem nahezu fettloses Kochen mit geringstem Aromaverlust möglich wird. Und weil mit einem Minimum an Flüssigkeit gegart wird, haben empfindliche Vitamine, Mineralstoffe und Bioaktivsubstanzen Schonzeit. Ein Verkochen oder Austrocknen der Speisen wird sogar dann verhindert, wenn Sie das Gargut eine Stunde länger im Topf lassen als vorgesehen.

Warum ist Kochen im Römertopf® so gesund?

Bei dieser Zubereitungsweise werden die für unsere Gesundheit so wichtigen Vitalstoffe geschont, und es wird besonders fettarm gegart.

Fett liefert doppelt so viele Kalorien wie Eiweiß und Kohlenhydrate, deshalb ist es wesentlich effektiver, an Fett zu sparen, als auf die anderen Hauptnährstoffe zu verzichten. Zuviel Fett in der Nahrung führt zu Übergewicht und damit zu Herz-Kreislauf-Erkrankungen. Außerdem wird der gesamte Bewegungsapparat des Körpers durch das erhöhte Gewicht viel mehr belastet als bei normalgewichtigen Menschen. Daraus können sich wiederum andere Krankheiten entwickeln. Aussicht auf ein langes, vor allem gesundes Leben hat, wer sich vernünftig ernährt:

- wertvolle Kohlenhydrate, Gemüse, Obst, Kartoffeln, Nudeln, Hülsenfrüchte und Vollkornprodukte in größeren Mengen
- wichtiges Eiweiß, Fleisch, Geflügel, aber vor allem Fisch – in Maßen
- wenig Fett und hauptsächlich die Fette mit großen Anteilen an einfach und mehrfach ungesättigten Fettsäuren, wie Pflanzenöle. Verwenden Sie durchaus auch Butter bzw. Butterschmalz, sie sind dem menschlichen Fett am ähnlichsten und deshalb besonders gut verdaulich.

Der Römertopf® ist ein wichtiges Hilfsmittel der gesunden Küche.

So füllen Sie das Gargut in den Römertopf®

Wenn es keine besonderen Angaben gibt, wie Sie die Zutaten in den Römertopf® füllen sollen, legen Sie zuerst die Kräuter und Gewürze hinein und darauf das Fleisch oder den Fisch. Sind jedoch Gemüse, Pilze und Kartoffeln vorgesehen, legen Sie diese Zutaten als unterste Schicht in den Topf, darauf die Kräuter, und schließlich legen Sie das Fleisch oder den Fisch hinein.

So garen die Gerichte im Backofen

Alle Temperaturangaben in den Rezepten beziehen sich auf Standardöfen. Durch die hohen Temperaturen verdampft die im porösen Ton gespeicherte Flüssigkeit und schafft im Topf das feuchte Garklima.
Im Umluftherd kann sich die Garzeit verringern. Wenn Sie das erste Mal mit dem Römertopf® kochen, kontrollieren Sie das Gericht am besten etwa 10 Minuten vor dem angegebenen Garzeitende (bei Umluftherden etwa 15 Minuten vorher). Dann entscheiden Sie, wie lange das Gericht noch braucht. Wenn Sie einige Male mit dem Römertopf® gekocht haben, werden Sie rasch mit eventuellen Abweichungen in den Rezepten vertraut sein.
Passen Sie beim Überkrusten ohne Deckel zunächst auf, damit das Gargut die gewünschte Bräunung erhält und nicht etwa verbrennt.

So servieren Sie im Römertopf®

Der Römertopf® ist durchaus zum Servieren von verschiedenen Gerichten, besonders Suppen, Gratins und Ragouts etc. geeignet. Garnieren Sie das Gericht mit Kräutern oder Gemüsen und stellen Sie den Topf auf ein Holzbrett oder ein paar hübsche Kacheln, oder schlingen Sie zum Servieren ein dekoratives Küchentuch um den Topfboden.
Reste der Mahlzeit sollten sofort aus dem Topf genommen und in ein passendes Behältnis zum Abkühlen umgefüllt werden. Decken Sie dieses Gefäß zu, und kühlen Sie die Lebensmittel ab. Danach stellen Sie es in den Kühlschrank.

Was macht der Römertopf® in der Mikrowelle?

Der Römertopf® kann auch in der Mikrowelle verwendet werden, allerdings passen nur kleinere Töpfe hinein. Der Topf muß vor Gebrauch ebenfalls gewässert werden.
Während des Kochens in der Mikrowelle absorbiert der feuchte Römertopf® Mikrowellenenergie, er wird dadurch heißer als übliches Mikrowellengeschirr.
Achten Sie auf die Anweisungen des Herstellers. Sie können je nach Rezept in der Mikrowelle auf höchster Stufe (100 %), auf mittelhoher Stufe (70 %) und auf mittlerer Stufe (50 %) kochen.

Das Angleichen von normalen Rezepten für den Römertopf®

Sie können viele Gerichte in Ihrem Römertopf® zubereiten, und Sie werden sehen, daß er vielleicht gerade für Ihre Lieblingsrezepte ideal ist. Orientieren Sie sich an den Rezepten dieses Kochbuches. Suchen Sie sich als Anleitung ein Gemüse-, Braten-, Fisch- oder Geflügelrezept aus, das Ihrem Rezept im Prinzip ähnlich ist, und verfahren Sie dann mit Ihren Zutaten entsprechend. Die Backofentemperatur wird meistens höher sein als die, die Sie bisher gewählt haben. Außerdem wird in einigen Fällen die Garzeit länger sein. Aber das liegt, wie Sie inzwischen gelesen haben, an der speziellen Weise, mit dem Römertopf® zu kochen.

Übrigens: Wenn nicht anders angegeben, sind alle Rezepte für 4 Personen berechnet.

Glossar

Aufgehen lassen
Hefeteig muß ruhen, um seine Masse zu verdoppeln. Um ein Austrocknen zu verhindern, muß der Teig zugedeckt an einem warmen Ort aufgehen. Die jeweilige Zeit hängt von den Zutaten und der Raumtemperatur ab. Gehaltvolle und süße Teige brauchen länger als ein einfacher Teig, da die zusätzlichen Zutaten hefehemmend wirken. Trockenhefe (Instanthefe) erfordert oft nur einmaliges Aufgehen, im Gegensatz zur traditionellen Frischhefe, deren Teig zweimal aufgehen sollte.

Blanchieren
Gesäubertes und geschnittenes Gemüse wird kurz in kochendes Wasser gelegt oder damit übergossen, um es für weitere Kochvorgänge vorzubereiten.

Binden
Eine Sauce oder Suppe wird durch Einrühren von Speisestärke, einer Mehl-Butter-Mischung, Eigelb, Sahne oder Crème fraîche verschmolzen und sämig gemacht.

Chilischoten entkernen
Frische Chilischoten haben einen unterschiedlichen Geschmack: Einige sind sehr scharf, andere eher mild mit einem auffälligen Geschmack. Die Kerne sind besonders scharf und sollten vor

dem Kochen zusammen mit dem Gehäuse entfernt werden. Schneiden Sie das Stielende ab und halbieren Sie die Chilischote der Länge nach. Kratzen Sie die Kerne und das Gehäuse aus, waschen Sie die Chili sorgfältig aus, um alle Kerne zu entfernen. Nach der Zubereitung müssen Sie Ihre Hände gründlich waschen, da der Saft die Haut und besonders die Augen reizt.

Croûtes

Ein Croûte ist ein kleines Stück gebratenes Brot, das wie Croûtons (Rezept S. 194) zubereitet wird. Das Brot wird in Würfel, Dreiecke, Scheiben oder ähnliche dekorative Formen geschnitten. Croûtes werden als Basis, Garnitur oder Beilage verwendet. Ein Croûte ist größer als ein Croûton.

Dämpfen

Gemüse wird bei fettloser Zubereitung nur gedämpft. Der Römertopf® ist ideal für das Dämpfen von Gemüse im Backofen. Vermischen Sie das Gemüse im gewässerten Römertopf® und würzen Sie mit Salz und Pfeffer. Die Feuchtigkeit des Topfes hält das Gemüse saftig.

Karamelisieren

Zucker (meistens mit etwas Butter) wird bei großer Hitze geschmolzen und darin Gemüse oder Obst geschwenkt oder damit überzogen.

Klären

Beim Kochen von Fleisch- oder Gemüsebrühe entsteht Schaum. Die Brühe wird durch Aufkochen mit 1 Eiweiß und durch anschließendes Filtrieren klar gemacht.

Lauch, reinigen

Wenn Lauch nicht sorgfältig vorbereitet ist, könnten Sie auf Sand beißen. Schneiden Sie den Lauch in Ringe, die Sie dann gründlich waschen, oder halbieren Sie den Lauch der Länge nach, wobei das Wurzelende nicht zerteilt wird. Öffnen Sie den Lauch fächerartig und waschen Sie ihn unter fließendem Wasser, um den Schmutz zu entfernen, der sich vor allem unter den Lauchblättern festsetzt.

Marinieren

Fleisch, Geflügel oder Fisch wird in eine Marinade aus Öl, Essig oder beidem, meistens mit Kräutern versetzt, eingelegt, ursprünglich um es haltbar und zart zu machen. Heute schätzen wir auch den besonderen Geschmack, den eingelegte Zutaten durch die Marinade bekommen.

Muscheln, putzen und vorbereiten

Diese Methode wird für Miesmuscheln, aber auch für Venus- und Herzmuscheln angewandt. Schrubben Sie die Muscheln sorgfältig in kaltem Wasser. Entfernen Sie durch Abkratzen der Schale mit dem Messer evtl. Rückstände. Offene Muscheln, die sich nach heftigem Beklopfen nicht schließen, sind ungenießbar. Entfernen Sie den schwarzen, haarigen Bart. Nach dem Kochen entfernen Sie die Muscheln, die sich nicht geöffnet haben.

Pfirsiche, schälen

Siehe Tomaten

Ruhezeit

Bei der Zubereitung in der Mikrowelle ist die Ruhezeit sehr wichtig, da sie den Kochvorgang vollendet und die Temperatur des Gerichtes normalisiert.

Tomaten, schälen

Legen Sie die Tomaten in eine Schüssel und bedecken Sie sie mit kochendem Wasser. Lassen Sie sie 30 bis 60 Sekunden ziehen. Je unreifer die Tomate, desto schwieriger läßt sich die Haut entfernen. Nehmen Sie die Tomaten aus der Schüssel und ziehen Sie die Haut sofort ab.

Früchte werden geschält, indem sie auf einen Metallstab oder eine Gabel gespießt und über einer Gasflamme erwärmt werden, bis die Haut Blasen wirft. Drehen Sie die Frucht, damit sie auf allen Seiten erhitzt wird. Schrecken Sie sie mit kaltem Wasser ab und entfernen Sie sofort die Haut. Diese Methode eignet sich jedoch nicht für Pfirsiche, die wie Tomaten geschält werden sollten.

Rezeptteil

Suppen und Eintöpfe aus dem Römertopf®

Bouillabaisse

1 Zwiebel · 1 Lauchstange · 1 Tomate
2 Knoblauchzehen · 2 EL Olivenöl
1 Lorbeerblatt · 1 Msp Fenchelsamen
1 Stück unbehandelte Orangenschale
1 Thymianzweig
1 Bohnenkrautzweig · 1 scharfe rote Pfefferschote
500 g Fischfilet (z. B. Barsch, Seeteufel, Knurrhahn o. ä.)
250 g gemischte, küchenfertige kleine Meeresfrüchte (Krabben, Muscheln, Tintenfische)
1 l Fischfond (aus dem Glas oder Instant)
Salz, Pfeffer aus der Mühle · 1 Prise Safran

1. Zwiebel schälen, vierteln und in feine Streifen schneiden. Lauch putzen, waschen und in dünne Ringe schneiden. Tomate waschen und achteln. Knoblauchzehen schälen und in dünne Scheiben schneiden. Olivenöl in einer Pfanne erhitzen. Zwiebelstreifen, Lauchringe und Tomatenspalten darin anbraten. Knoblauch, Lorbeerblatt, Fenchelsamen, Orangenschale, Thymian, Bohnenkraut und die entkernte Pfefferschote zufügen und alles etwa 5 Minuten dünsten. Die Marinade abkühlen lassen. Fischfilets waschen, trocken-

tupfen, in die Marinade legen und etwa 4 Stunden ziehen lassen.
2. Die marinierten Fischfilets mit dem Gemüse in den gewässerten Tontopf legen. Meeresfrüchte dazugeben, mit dem Fischfond begießen, mit Salz und Pfeffer würzen und den Safran einstreuen. Den Deckel auflegen und den Römertopf® in den kalten Backofen stellen. Bei 220 °C (Gas Stufe 4; Umluft 200 °C) 45 Minuten kochen. Mit Rouille (Rezept siehe S. 199) und frischem Baguette servieren.

Pro Person 290 kcal / 1219 kJ
4 g KH   40 g E   12 g F

Muschelsuppe

20 gesäuberte Venusmuscheln
4 Speckscheiben · 2 Selleriestangen
3 Kartoffeln · 2 Zwiebeln · 1 EL Butter
1 Knoblauchzehe · 1 Lorbeerblatt
1 Thymianzweig · 2 EL Weizenmehl
1 Prise Chiligewürz
Salz, Pfeffer aus der Mühle
250 ml Gemüsebrühe · 375 ml Milch
4 EL gehackte Petersilie · 125 g Sahne

1. Die Muscheln mit 250 ml Wasser in einen Topf geben. Zudecken und aufkochen lassen. Etwa 10 Minuten kochen, bis sich die Muscheln geöffnet haben, dabei den Topf ab und zu schütteln. Die Muscheln über einer Schüssel in ein Sieb abgießen und abtropfen lassen. Nicht geöffnete Muscheln

wegwerfen, sie sind nicht genießbar. Das Muschelfleisch grob hacken.
2. Den Speck, die geputzten Selleriestangen und die geschälten Kartoffeln in Würfel schneiden. Die Zwiebeln schälen und hacken. Die Butter in einem Topf zerlassen. Speck, Zwiebeln, die durchgepreßte Knoblauchzehe, Sellerie, Kartoffeln, das Lorbeerblatt und den Thymian darin unter ständigem Rühren 10 Minuten bei mittlerer Hitze anbraten.
3. Das Mehl, das Chiligewürz, etwas Salz und Pfeffer unterrühren. Den Muschelsud und die Gemüsebrühe dazugießen. Das Muschelfleisch und die Milch unterrühren und den Topf von der Herdplatte nehmen.
4. Die Mischung in den gewässerten Römertopf® geben, zudecken und den Topf in den kalten Backofen stellen. Den Ofen auf 220 °C (Gas Stufe 4; Umluft 200 °C) aufheizen und die Suppe etwa 45 Minuten garen, bis die Kartoffeln weich sind. Mit Salz und Pfeffer abschmecken und die Petersilie sowie die Sahne unterrühren. Sofort servieren. Dazu paßt Knoblauchbrot (Rezept siehe S. 196).

Pro Person 598 kcal / 2506 kJ
28 g KH   22 g E   44 g F

Jambalaya

1 große Zwiebel · 1 grüne Paprikaschote
½ TL Chili-con-carne-Gewürz
1 TL getrockneter Oregano
1 Lorbeerblatt
1 Knoblauchzehe
500 g gekochter Schinken am Stück
250 g Langkornreis
940 ml Gemüsebrühe
Salz, Pfeffer aus der Mühle
4 Tomaten
1 Bund Petersilie · 12 frische Garnelen

1. Zwiebel schälen und würfeln. Paprikaschote waschen, von Stielansatz und Kerngehäuse befreien und würfeln. Zwiebel und Paprika mit Chili-con-carne-Gewürz, Oregano und Lorbeerblatt in den gewässerten Römertopf® geben. Knoblauchzehe schälen und dazupressen. Den Schinken in Würfel schneiden und darüber verteilen. Den Reis untermischen. Die Gemüsebrühe angießen und umrühren. Mit Salz und Pfeffer würzen. Den Römertopf® zudecken und in den kalten Backofen stellen. Bei 220 °C (Gas Stufe 4; Umluft 200 °C) 30 Minuten garen.
2. In der Zwischenzeit die Tomaten überbrühen, häuten, entkernen und in Würfel schneiden. Römertopf® aus dem Ofen nehmen und die Tomaten zufügen. Jambalaya nochmals 30 Minuten garen.
3. Die Petersilie waschen und fein hacken. Die Garnelen bis auf die Schwanzflosse schälen. Dann am Rücken längs aufschneiden und den Darm entfernen. Den Topf aus dem

Ofen nehmen, Petersilie über den Reis streuen und die Garnelen darauf legen. Zudecken und noch einmal 15 Minuten in den Ofen stellen, bis die Garnelen gar sind. Dazu schmeckt knackiger, grüner Salat und frisches Baguette.

Pro Person 528 kcal / 2214 kJ
54 g KH   49 g E   12 g F

Bunte Bohnensuppe

---
250 g getrocknete weiße, rote und schwarze Bohnen
---
1 große Zwiebel · 1 grüne Chilischote
---
4 Selleriestangen
---
1 Möhre · 2 EL Öl
---
1 Knoblauchzehe · 1 EL gemahlener Koriander

½ TL geriebene Muskatnuß
---
1 Prise gemahlene Nelken
---
1 l Gemüsebrühe · 500 g geräucherte Schweinswurst
---
2 EL Weizenmehl
---
2 EL Tomatenpüree

Salz, Pfeffer aus der Mühle
---
saure Sahne und Paprikapulver zum Garnieren
---

1. Die Bohnen über Nacht in reichlich kaltem Wasser einweichen. Am nächsten Tag in ein Sieb abgießen und in einem Topf gut mit kaltem Wasser bedecken. Zudecken, aufkochen und etwa 10 Minuten kochen lassen. Die Bohnen abgießen und in den gewässerten Römertopf® geben.
2. Die Zwiebel schälen und hacken. Die Chilischote entkernen, waschen und fein hacken. Die Selleriestangen putzen, waschen und in Würfel schneiden. Die Möhre schälen und ebenfalls in Würfel schneiden. Das Öl erhitzen. Die Zwiebel, den durchgepreßten Knoblauch, die Chilischote, den Sellerie und die Möhre dazugeben und 10 Minuten bei mittlerer Hitze dünsten, bis die Zwiebel weich ist. Den Koriander, die Muskatnuß sowie die Nelken unterrühren und 2 Minuten dünsten. Die Zwiebelmischung zu den Bohnen geben und die Brühe darüber gießen. Den Römertopf® zudecken und in den kalten Backofen stellen. Den Ofen auf

200 °C (Gas Stufe 3; Umluft 180 °C) aufheizen und die Suppe 2 Stunden garen.
3. Die Wurst in Stücke schneiden. Das Mehl mit 3 EL kaltem Wasser verrühren, etwas heiße Suppe unterrühren und in den Römertopf® gießen. Die Wurst und das Tomatenpüree dazugeben. Bohnensuppe zugedeckt nochmals 1 Stunde garen. Mit Salz und Pfeffer abschmecken und einen Teil der Bohnen mit dem Schneidestab pürieren. Mit saurer Sahne und Paprika garnieren und servieren.

Pro Person 638 kcal / 2674 kJ
34 g KH   38 g E   39 g F

Winter-Minestrone

---

*250 g getrocknete Cannellini-Bohnen
(italienische kleine, weiße Bohnen)*

6 Speckscheiben ohne Schwarte

1 große Zwiebel · 2 Möhren

2 Kartoffeln · 500 g Tomaten

500 g Weißkohl · 250 g dicke Bohnen

2 Knoblauchzehen

1 Lorbeerblatt

2 TL getrockneter Majoran

1 EL Tomatenpüree

Salz, Pfeffer aus der Mühle

2 EL gehackte Petersilie · 60 g Hörnchennudeln

frisch geriebener Parmesan

---

1. Die Cannellini-Bohnen über Nacht in reichlich kaltem Wasser einweichen. Am nächsten Tag in ein Sieb abgießen und in einem Topf mit kaltem Wasser bedecken. Zugedeckt aufkochen und 10 Minuten kochen lassen. Die Bohnen abgießen und in den gewässerten Römertopf® geben. Den Speck in Würfel schneiden. Die Zwiebel schälen und hacken. Die Möhren und die Kartoffeln schälen, waschen und in Würfel schneiden. Die Tomaten kurz überbrühen, häuten, entkernen und in Würfel schneiden. Weißkohlblätter waschen, trockentupfen und hacken. Das vorbereitete Gemüse und die dicken Bohnen zu den Bohnen geben und den Knoblauch dazupressen. Alles gut verrühren, dann das Lorbeerblatt, den Majoran und das Tomatenpüree dazugeben.
2. 2 l Wasser in den Römertopf® gießen. Zudecken und in den kalten Ofen stellen. Auf 200 °C (Gas Stufe 3; Umluft

180 °C) aufheizen und alles 1 $^1/_2$ Stunden garen. Mit Salz und Pfeffer abschmecken, die Petersilie und die Nudeln dazugeben und zugedeckt weitere 20 bis 30 Minuten kochen, bis die Nudeln weich sind. Vor dem Servieren nochmals abschmecken. Dazu Pesto (Rezept siehe S. 198) oder frisch geriebenen Parmesan reichen.

Pro Person 753 kcal / 3151 kJ
62 g KH   29 g E   43 g F

Erbsensuppe

250 g getrocknete grüne Erbsen

1 Zwiebel · 2 Kartoffeln · 2 EL Öl

1 Lorbeerblatt · 1 Rosmarinzweig

1 EL getrockneter Majoran

1,25 l Fleisch- oder Gemüsebrühe

250 g gekochter Schinken

Pfeffer aus der Mühle

geriebene Muskatnuß · Salz

Croûtons zum Servieren

1. Die Erbsen über Nacht in reichlich kaltem Wasser einweichen. Am nächsten Tag in ein Sieb abgießen und in den gewässerten Römertopf® geben. Die Zwiebel hacken. Kartoffeln schälen und in Würfel schneiden. Das Öl in einem Topf erhitzen und die Zwiebel, die Kartoffeln, das Lorbeerblatt und den Rosmarin unter ständigem Rühren darin 10 Minuten bei mittlerer Hitze andünsten, bis die Zwiebel weich ist. Den Majoran unterrühren.
2. Die Zwiebelmischung in den Römertopf® geben, die Brühe dazugießen und gut verrühren. Den Schinken in Würfel schneiden und untermischen. Mit wenig Pfeffer und Muskatnuß würzen, aber noch nicht salzen.
3. Den Topf zudecken und in den kalten Backofen stellen. Den Ofen auf 200 °C (Gas Stufe 3; Umluft 180 °C) aufheizen und die Suppe 2 bis 2 $^1/_2$ Stunden garen, bis die Erbsen weich sind. Abschmecken und mit Croûtons servieren.

Pro Person 399 kcal / 1676 kJ
34 g KH   30 g E   16 g F

Bunte Gemüsesuppe

(siehe Foto Seite 33)

---
1 Fenchelknolle · 2 Tomaten
1 Stange Lauch
200 g grüne Bohnen · 1 Kohlrabi
200 g mehligkochende Kartoffeln
1 Lorbeerblatt
Salz, weißer Pfeffer, frisch gemahlen
1 Handvoll frische (ersatzweise 1 TL getrocknete) Kräuter, z. B. Petersilie, Schnittlauch, Thymian
600 ml Wasser oder Brühe
2 EL geriebener Parmesan

1. Den Fenchel waschen und in Streifen schneiden. Tomaten waschen und achteln. Die Bohnen waschen und von den Enden befreien. Den Kohlrabi und die Kartoffel dünn schälen und würfeln.
2. Alle vorbereiteten Zutaten in den gewässerten Römertopf® füllen, das Lorbeerblatt zugeben, salzen und pfeffern. Die Kräuter hinzufügen und mit der Flüssigkeit aufgießen.
3. Den Römertopf® schließen und in den kalten Backofen stellen. Auf 200 °C (Gas Stufe 3; Umluft 180 °C) schalten und etwa 1 Stunde garen.
4. Die fertige Gemüsesuppe abschmecken, in tiefe Teller verteilen und mit je einem Löffel Parmesan bestreuen.

Pro Person 290 kcal / 1200 kJ
34 KH   19 E   8 g F

Indische Linsensuppe

2 Zwiebeln · 1 Kartoffel · 2 Möhren
3 EL Öl · 1 Knoblauchzehe
2 EL gemahlener Koriander
1 EL Kreuzkümmel (Cumin)
6 Kardamomsamen · 1 Lorbeerblatt · 250 g rote Linsen
Salz, Pfeffer aus der Mühle
1,5 l Gemüsebrühe · 4 EL Joghurt
gehackter Koriander zum Garnieren

1. Zwiebeln schälen und fein hacken. Kartoffel und Möhren schälen, waschen und in Würfel schneiden. Das Öl in einem Topf erhitzen. Gehackte Zwiebeln, den durchgepreßten Knoblauch, die Kartoffel- und Möhrenwürfel dazugeben und bei mittlerer Hitze 10 Minuten unter ständigem Rühren dünsten, bis die Zwiebeln weich sind. Den Koriander und den Kreuzkümmel dazugeben und weitere 2 Minuten dünsten.
2. Die Mischung in den gewässerten Römertopf® geben. Kardamomsamen, das Lorbeerblatt und die Linsen dazugeben. Salzen, pfeffern und die Brühe darüber gießen.
3. Den Römertopf® zudecken und in den kalten Backofen stellen. Den Ofen auf 200 °C (Gas Stufe 3; Umluft 180 °C) aufheizen. Die Suppe 1 $^1/_2$ bis 2 Stunden garen, dabei einmal umrühren. Die Linsen sollten verkocht sein, damit die Suppe andickt. Mit Salz und Pfeffer abschmecken. Jede Portion mit einem Klacks Joghurt und Koriander garnieren.

Pro Person 396 kcal / 1663 kJ
40 g KH   18 g E   18 g F

Bunte Gemüsesuppe (Rezept Seite 31)

Lauch-Kartoffel-Suppe

4 Lauchstangen · 600 g Kartoffeln
1 EL Butter · 1 EL Öl
1 EL Weizenmehl
500 ml Gemüsebrühe
Salz, Pfeffer aus der Mühle
1 Lorbeerblatt
2 Estragonzweige oder 1 TL getrockneter Estragon
500 ml Milch

1. Lauch putzen, gründlich waschen und in Scheiben schneiden. Kartoffeln schälen, waschen und in Würfel schneiden. Die Butter und das Öl zusammen in einem großen Topf erhitzen. Etwas Lauch zum Garnieren beiseite legen. Den restlichen Lauch und die Kartoffeln in den Topf geben und unter Rühren bei mittlerer Hitze 5 Minuten dünsten, bis der Lauch weich ist. Das Mehl darüber streuen, und nach und nach die Brühe unterrühren.
2. Die Lauch-Kartoffel-Mischung in den gewässerten Römertopf® geben. Salz, Pfeffer, das Lorbeerblatt und den Estragon dazugeben. Zudecken und in den kalten Backofen stellen. Den Ofen auf 200 °C (Gas Stufe 3; Umluft 180 °C) aufheizen und die Suppe 50 Minuten garen.
3. Dann nach und nach die Milch unterrühren und zugedeckt weitere 40 Minuten garen, bis das Gemüse weich ist. Die Suppe nach Belieben mit ganzen Gemüsestückchen oder püriert servieren. Vor dem Servieren nochmals mit Salz und Pfeffer abschmecken und mit Lauch garnieren.

Pro Person 278 kcal / 1165 kJ
31 g KH   10 g E   12 g F

Mexikanische Bohnensuppe

2 Zwiebeln · 1 Knoblauchzehe
1 grüne Paprikaschote · 2 EL Öl · 500 g Hackfleisch
1 EL Chili-con-carne-Gewürz
½ EL Kreuzkümmel (Cumin)
1 Dose Maiskörner (à 225 g)
1 Dose Tomatenstückchen (à 425 g)
1 Dose rote Kidneybohnen (à 425 g)
500 ml Fleischbrühe · Salz, Pfeffer aus der Mühle
4 EL grob geriebener Käse (z. B. Gouda oder Edamer)

1. Zwiebeln und Knoblauch schälen und fein würfeln. Paprikaschote waschen, von Stielansätzen und Kerngehäuse befreien und in Streifen schneiden. Das Öl in einer Pfanne erhitzen. Zwiebel, Knoblauch und Paprikastreifen 10 Minuten darin dünsten. Fleisch, Chili-con-carne-Gewürz und Kreuzkümmel zufügen und 5 Minuten unter ständigem Rühren braten.
2. Die Mischung in den gewässerten Römertopf® geben. Abgetropfte Maiskörner, Tomatenstücke, Kidneybohnen mit dem Saft und die Brühe dazugeben. Verrühren und mit Salz und Pfeffer würzen. Den Topf zudecken und in den kalten Backofen stellen. Bei 220 °C (Gas Stufe 4; Umluft 200 °C) 50 Minuten garen.
3. Den Topf aus dem Ofen nehmen, die Suppe umrühren, den Käse darauf verteilen und ohne Deckel noch einmal 10 Minuten überbacken, bis der Käse geschmolzen ist. Sofort mit knusprigem Brot servieren.

Pro Person 516 kcal / 2157 kJ
22 g KH   35 g E   32 g F

Sommer-Minestrone

Für 4-6 Personen
1 Zwiebel · 1 Knoblauchzehe · 2 Möhren
2 Selleriestangen · 2 Zucchini · 4 Tomaten
1 EL Öl · 0,75 l Gemüsebrühe
1 Lorbeerblatt · 1 TL getrockneter Oregano
Salz, Pfeffer aus der Mühle
375 g Muschelnudeln · 1 Bund Petersilie
Parmesan zum Servieren

1. Zwiebel und Knoblauch schälen und fein würfeln. Möhren schälen, waschen und in Würfel schneiden. Selleriestangen putzen und ebenfalls in Würfel schneiden. Zucchini waschen und in Scheiben schneiden. Tomaten überbrühen, häuten, entkernen und würfeln. Das Öl in einer Pfanne erhitzen, Zwiebel, Knoblauch, Möhren und Sellerie darin 5 Minuten anbraten.
2. Die Mischung in den gewässerten Römertopf® geben. Brühe, Lorbeerblatt, Oregano, Salz und Pfeffer dazugeben, umrühren, den Topf zudecken und in den kalten Backofen stellen. Bei 240 °C (Gas Stufe 5; Umluft 220 °C) 30 Minuten garen.
3. Topf aus dem Ofen nehmen und die Temperatur auf 200 °C (Gas Stufe 3; Umluft 180 °C) zurückschalten. Zucchinischeiben, Tomatenwürfel und die Nudeln zufügen. Den Topf zudecken und die Minestrone nochmals 30 Minuten garen.
4. Petersilie waschen und hacken. Minestrone vor dem Servieren noch einmal abschmecken und die Petersilie darüber streuen. Toskanabrot und frisch geriebenen Parmesan dazu reichen. Auch Pesto (Rezept siehe S. 198) schmeckt gut dazu.

Pro Person 435 kcal / 1825 kJ
74 g KH   15 g E   8 g F

Thailändische Rindfleischsuppe mit Garnelen

2 Frühlingszwiebeln
1 Stück frische Ingwerwurzel (2 cm lang)
2 Knoblauchzehen · 1 grüne Chilischote
500 g mageres Rindfleisch
450 ml Fleischfond (Glas)
100 ml ungesüßte Kokosmilch (Packung oder Dose)
2 EL Sojasauce · 8 frische Garnelen
1 Bund Koriander

1. Frühlingszwiebeln putzen, waschen und in Ringe schneiden. Ingwer und Knoblauch schälen und fein würfeln. Chilischote waschen, entkernen und in feine Ringe schneiden. Rindfleisch in etwa 3 cm lange und 1 $^1/_2$ cm breite Streifen schneiden. Alles in den gewässerten Römertopf® geben. Fleischfond mit Kokosmilch und Sojasauce verrühren und zufügen. Den Topf zudecken und in den kalten Backofen stellen. Bei 200 °C (Gas Stufe 3; Umluft 180 °C) 1 Stunde garen.
2. Garnelen bis auf die Schwanzflosse schälen. Dann längs am Rücken aufschneiden und den Darm entfernen. Den Römertopf® aus dem Ofen nehmen, die Garnelen zufügen und alles nochmals 30 Minuten garen. Inzwischen den Koriander waschen, trockenschütteln und hacken. Rindfleischsuppe mit Koriander bestreut servieren.

Pro Person 226 kcal / 946 kJ
4 g KH   37 g E   6 g F

Nudeleintopf

1 Zwiebel · je 1 rote und grüne Paprikaschote
2 Möhren · 2 Selleriestangen · 1 EL Öl
1 Knoblauchzehe · 250 g Schinken · 250 g Hackfleisch
600 ml Rinderbrühe · 1 Lorbeerblatt
1 TL getrockneter Oregano · Salz, Pfeffer aus der Mühle
2 Dosen Pizzatomaten (à 400 g) · 350 g Muschelnudeln
frisch geriebener Parmesan zum Servieren

1. Die Zwiebel schälen und hacken. Die Paprikaschoten waschen, von Stielansatz und Kerngehäuse befreien und in Würfel schneiden. Möhren schälen, waschen und in Würfel schneiden. Die Selleriestangen putzen, waschen und ebenfalls würfeln. Das Öl in einer Pfanne erhitzen und das vorbereitete Gemüse darin 5 Minuten anbraten. Knoblauch schälen und dazupressen. Den Schinken in Würfel schneiden, mit dem Hackfleisch in die Pfanne geben und alles weitere 5 Minuten bei mittlerer Hitze braten.
2. Die Mischung in den gewässerten Römertopf® geben. Die Brühe, die Kräuter, Salz, Pfeffer und die Tomaten dazugeben. Den Topf zudecken und in den kalten Backofen stellen. Den Ofen auf 240 °C (Gas Stufe 5; Umluft 220 °C) aufheizen und das Gericht 50 Minuten garen.
3. Die Ofentemperatur auf 200 °C (Gas 3; Umluft 180 °C) zurückschalten. Die Fleischmischung gut verrühren und die Nudeln unterheben. Zugedeckt 30 Minuten garen, bis die Nudeln weich sind. Die Mischung sollte saftig, aber weder zu wäßrig noch zu trocken sein. Vor dem Servieren noch einmal abschmecken. Dazu frisch geriebenen Parmesan servieren.

Pro Person 628 kcal / 2626 kJ
71 g KH   40 g E   19 g F

Gemüse im Römertopf®

Mangold

750 g Mangold · 1 Fleischtomate
100 ml Gemüsebrühe
Salz · 1 Zwiebel · 2 EL Olivenöl
50 g Rosinen
50 g Pinienkerne

1. Den Mangold putzen, waschen, in breite Streifen schneiden und in den gewässerten Tontopf legen. Die Tomate entkernen, fein würfeln und unter den Mangold mischen. Die Gemüsebrühe darübergießen und mit Salz würzen.
2. Die Zwiebel hacken und im erhitzten Olivenöl glasig dünsten. Über den Mangold geben. Rosinen und Pinienkerne darüberstreuen und den Deckel auflegen.
3. Den Tontopf in den kalten Backofen stellen. Den Ofen auf 200 °C (Gas Stufe 3; Umluft 180 °C) aufheizen. Den Mangold 40 Minuten garen. Lauwarm als Antipasto servieren. Schmeckt auch als Beilage zu gebratenem Geflügel oder Fisch sehr gut.

Pro Person 216 kcal / 904 kJ
15 g KH   7 g E   13 g F

Ratatouille

2 Auberginen · Salz
1 grüne Paprikaschote · 1 große Zwiebel
1 Knoblauchzehe · ca. 75 ml Olivenöl
1 TL getrockneter Majoran
250 g Zucchini
1 kg Tomaten · 1 Lorbeerblatt
Pfeffer aus der Mühle
4 EL gehackte Petersilie

1. Die Auberginen waschen, trockenreiben und vom Stielansatz befreien. In Würfel schneiden, salzen und 20 Minuten ruhen lassen. Dann unter fließendem Wasser abbrausen und gut trockentupfen. Die Paprikaschote waschen, von Stielansatz und Kerngehäuse befreien und in Streifen schneiden. Die Zwiebel schälen und in feine Ringe schneiden. Den Knoblauch schälen und zerdrücken.
2. In einer großen Pfanne 2 EL Öl erhitzen. Paprikastreifen, Zwiebelringe, Knoblauch und den Majoran darin 3 Minuten bei mittlerer Hitze dünsten. Die Mischung mit einem Schaumlöffel in den gewässerten Römertopf® geben. Die Auberginen im Bratfett in der Pfanne nach und nach rundum kräftig anbraten, falls notwendig, etwas Öl nachgießen. Die Auberginenwürfel in den Römertopf® geben.
3. Die Zucchini waschen, trockenreiben und in dicke Scheiben schneiden. Die Tomaten überbrühen, häuten, vierteln und mit dem Lorbeerblatt untermischen. Mit Salz und Pfeffer würzen. Den Topf zudecken und in den kalten Backofen stellen. Den Ofen auf 220 °C (Gas Stufe 4; Umluft 200 °C) aufheizen und das Gericht 1 Stunde garen. Aus dem Ofen

nehmen und vor dem Servieren zugedeckt 20 Minuten ruhen lassen. Mit Salz und Pfeffer abschmecken und die Petersilie unterheben. Knoblauchbrot (Rezept siehe S. 196) dazu servieren.

Pro Person 244 kcal / 1026 kJ
12 g KH   5 g E   20 g F

Fenchel mit Tomaten und Zwiebeln

750 g Fenchel · 1 Gemüsezwiebel
2 EL Olivenöl
3 Thymianzweige · 500 g Tomaten
Salz, Pfeffer aus der Mühle
100 g junger Parmesan, grob gerieben

1. Fenchel putzen, waschen, trockentupfen, längs in dünne Scheiben schneiden und in den gewässerten Römertopf® legen. Die Gemüsezwiebel schälen und grob würfeln. Das Olivenöl in einer Pfanne erhitzen, die Zwiebelwürfel etwa 3 Minuten darin andünsten und über den Fenchel geben.
2. Den Thymian waschen, trockenschütteln und die Blättchen abzupfen. Die Hälfte über die Zwiebeln geben. Die Tomaten überbrühen, häuten und achteln. In den Topf geben und die restlichen Thymianblättchen darüber streuen. Mit Salz und Pfeffer würzen.
3. Den Römertopf® zudecken und in den kalten Backofen stellen. Den Ofen auf 220 °C (Gas 4; Umluft 200 °C) aufheizen und das Gemüse 25 Minuten garen.
4. Den Deckel abnehmen und den Parmesan auf das Gemüse streuen. Den Topf ohne Deckel nochmals für etwa 5 Minuten in den Ofen stellen, bis der Käse geschmolzen, aber nicht gebräunt ist.

Pro Person 234 kcal / 983 kJ
11 g KH   15 g E   14 g F

Zucchini mit Pilzen

750 g Zucchini · 3 Schalotten

250 g Austernpilze oder Egerlinge

4 EL Olivenöl

3 Estragonzweige · 5 Petersilienzweige

Salz, Pfeffer aus der Mühle

1. Zucchini putzen, waschen, in dicke Scheiben schneiden und im gewässerten Römertopf® verteilen. Die Schalotten schälen und in Würfel schneiden. Pilze putzen und mit Küchenkrepp abreiben. Austernpilze in Streifen, Egerlinge in Scheiben schneiden.
2. Das Olivenöl in einer Pfanne erhitzen, die Schalottenwürfel und die Pilze darin etwa 3 Minuten andünsten und über die Zucchini geben.
3. Die Kräuter waschen und trockenschütteln. Die Blättchen abzupfen, fein hacken und über die Pilze geben. Mit Salz und Pfeffer würzen.
4. Den Römertopf® zudecken und in den kalten Backofen stellen. Den Ofen auf 220 °C (Gas Stufe 4; Umluft 200 °C) aufheizen und das Gemüse 20 Minuten garen. Lauwarm als Antipasto oder heiß als Beilage zu Fleisch oder Fisch reichen.

Pro Person 149 kcal / 628 kJ
4 g KH   4 g E   13 g F

Glasierte Möhren

750 g Möhren · 1 EL Zucker
Salz, weißer Pfeffer aus der Mühle
Saft von 1 Orange · 4 EL zerlassene Butter
1 EL gehackter Estragon
2 EL Schnittlauchröllchen
Estragonblätter zum Garnieren

1. Möhren schälen, waschen und in 3 cm große Stücke schneiden. Die Möhren in den gewässerten Römertopf® geben. Zucker, etwas Salz und Pfeffer darüber streuen und den Orangensaft dazugießen. Dann die Butter darüber träufeln. Den Topf zudecken und in den kalten Backofen stellen. Den Ofen auf 220 °C (Gas Stufe 4; Umluft 200 °C) aufheizen und die Möhren 25 Minuten garen.
2. Die Möhren gut umrühren und ohne Deckel weitere 10 Minuten garen. Mit den Kräutern bestreuen und mit Estragonblättern garnieren. Die glasierten Möhren schmecken gut zu gekochtem Rindfleisch.

Pro Person 156 kcal / 650 kJ
16 g KH   2 g E   9 g F

Kartoffeln mit Pinienkernen

1 kg kleine neue Kartoffeln
2 kleine rote Zwiebeln · 2 EL Korinthen
3 EL Pinienkerne · 2 EL Olivenöl
2 Knoblauchzehen
12 schwarze Oliven, ohne Stein
1 Lorbeerblatt · Salz, Pfeffer aus der Mühle
125 ml roter Wermut
2 EL gehackte Basilikumblätter
Basilikumzweige zum Garnieren

1. Die ungeschälten Kartoffeln unter fließendem Wasser gründlich abbürsten und in den gewässerten Römertopf® legen. Die Zwiebeln schälen, in Scheiben schneiden und mit den Korinthen, den Pinienkernen und dem Olivenöl vermischen.
2. Die Knoblauchzehen zerdrücken, die Oliven in Scheiben schneiden und mit dem Lorbeerblatt, reichlich Salz und Pfeffer vermischen. Zuletzt den Wermut unterrühren. Die Mischung über den Kartoffeln verteilen. Den Topf zudecken und in den kalten Backofen stellen. Den Ofen auf 230 °C (Gas Stufe 4–5; Umluft 210 °C) aufheizen und das Gericht 1 Stunde schmoren, bis die Kartoffeln weich sind.
3. Den zugedeckten Topf aus dem Ofen nehmen und 10 Minuten ruhen lassen. Dann die gehackten Basilikumblätter unterheben. Kartoffeln mit den Basilikumzweigen garnieren. Die Kartoffeln schmecken sehr gut zu gebratenem Geflügel.

Pro Person 365 kcal / 1528 kJ
37 g KH   7 g E   17 g F

Neue Kartoffeln mit Erbsen

1 kg kleine neue Kartoffeln
1 große Zwiebel
2 EL Kreuzkümmel (Cumin)
2 EL Butterschmalz
Saft von 1 Zitrone
Salz, Pfeffer aus der Mühle
250 g Tiefkühl-Erbsen
2 EL gehackte Minze

1. Die ungeschälten Kartoffeln gründlich unter fließendem Wasser abbürsten und in den gewässerten Römertopf® geben. Die Zwiebel schälen, hacken und mit dem Kreuzkümmel, dem Butterschmalz und dem Zitronensaft dazugeben. Mit Salz und Pfeffer würzen. Den Topf zudecken und in den kalten Backofen stellen. Den Ofen auf 240 °C (Gas Stufe 5; Umluft 220 °C) aufheizen und die Kartoffeln 40 Minuten garen.
2. Die gefrorenen Erbsen in den Topf geben und gut mit den Kartoffeln vermischen. Zugedeckt weitere 15 Minuten garen, bis die Kartoffeln weich und die Erbsen gar sind. 10 Minuten zugedeckt ruhen lassen, dann die Minze unterheben und servieren. Paßt gut zu Lammgerichten.

Pro Person 265 kcal / 1109 kJ
41 g KH   9 g E   6 g F

Gemüseragout

4 Lauchstangen · 2 Selleriestangen · 1 EL Butter

2 große Kartoffeln · 2 Möhren · 2 Pastinaken

½ Blumenkohl · 1 Dose Kichererbsen (à 425 g)

2 EL Tomatenmark · 250 ml trockener Cidre

1 EL Zucker · Salz, Pfeffer aus der Mühle

1 Lorbeerblatt · 125 g geriebener Käse

4 EL Paniermehl · 2 EL Sesamsamen

1. Den Lauch putzen, in Ringe schneiden, waschen und trockenschleudern. Den Sellerie putzen, waschen und in Scheiben schneiden. Die Butter in einer Pfanne erhitzen. Den Lauch und den Sellerie darin 5 Minuten dünsten, bis der Lauch weich und etwas zusammengefallen ist.
2. Die Kartoffeln, Möhren und Pastinaken schälen und in Scheiben schneiden. Den Blumenkohl waschen und in kleine Röschen zerteilen. Lauch und Sellerie in den gewässerten Römertopf® geben. Die restlichen Gemüsesorten und die abgetropften Kichererbsen zufügen und alles gut vermischen. Tomatenmark, Cidre und Zucker verrühren, salzen, pfeffern und über das Gemüse gießen. Das Lorbeerblatt hinzufügen.
3. Den Topf zudecken und in den kalten Backofen stellen. Den Ofen auf 220 °C (Gas Stufe 4; Umluft 200 °C) aufheizen und das Gemüseragout 1 Stunde garen. Gut verrühren und mit Salz und Pfeffer abschmecken. Käse, Paniermehl und Sesamsamen vermischen und über dem Gemüse verteilen. Ohne Deckel weitere 15 Minuten garen, bis die Oberfläche goldbraun und das Gemüse gar ist.

Pro Person 456 kcal / 1904 kJ
46 g KH   26 g E   15 g F

Gefüllte Spitzpaprika

4 Spitzpaprikaschoten
100 ml Gemüsebrühe
350 g gemischtes Hackfleisch
2 EL Paniermehl
Salz, Pfeffer aus der Mühle · 1 Ei
50 g Schafkäse
$^1/_2$ TL getrockneter Oregano

1. Die Paprikaschoten waschen, trockenreiben, von Stielansatz und Kerngehäuse befreien und halbieren. Gemüsebrühe in den gewässerten Tontopf gießen und die Paprikahälften hineinlegen.
2. Das Hackfleisch mit Paniermehl, Salz, Pfeffer, Ei, dem zerbröckelten Schafskäse und dem Oregano vermischen.
3. Die Füllung auf die Spitzpaprikahälften verteilen. Den Römertopf® zugedeckt in den kalten Backofen stellen. Ofen auf 220 °C (Gas Stufe 4; Umluft 200 °C) aufheizen. Die Schoten ca. 50 Minuten schmoren.

Pro Person 298 kcal / 1252 kJ
7 g KH   22 g E   20 g F

Gefüllte Freilandgurken

4 Freilandgurken · 1 Zwiebel
250 g Bratwurstbrät · 250 g Rinderhackfleisch
1 EL getrocknetes Basilikum
3 EL frischer, gehackter Salbei
60 g Paniermehl · 1 Ei
Salz, Pfeffer aus der Mühle
Salbeiblätter und Tomatenstücke zum Garnieren

1. Die Gurken waschen, schälen und längs halbieren. Das Kerngehäuse mit einem Teelöffel großzügig aushöhlen, dabei einen Rand von etwa 2 cm stehen lassen.
2. Die Zwiebel schälen und hacken. Das Bratwurstbrät, das Rinderhackfleisch, das Basilikum, den Salbei, das Paniermehl, die Zwiebel und das Ei vermischen. Mit Salz und Pfeffer würzen.
3. Die Mischung in die vier Gurkenhälften füllen. Die Hälften nebeneinander in den gewässerten Römertopf® stellen. Die vier restlichen Gurkenhälften darauf legen und mit Holzspießchen feststecken.
4. Den zugedeckten Römertopf® in den kalten Backofen stellen. Den Ofen auf 240 °C (Gas Stufe 5; Umluft 220 °C) aufheizen und die Gurken 50 Minuten garen. Mit Salbeiblättern und Tomatenstücken garnieren. Dazu Reis oder Pasta mit Parmesankäse servieren.

Pro Person 464 kcal / 1939 kJ
17 g KH   28 g E   31 g F

Kürbis mit Schinkenwürfeln

---
1 große Zwiebel · 750 g Kürbisfleisch
---
250 g Möhren
---
350 g gekochter Schinken

Salz, Pfeffer aus der Mühle
---
1 Lorbeerblatt · 5 Thymianzweige
---
50 g Pinienkerne

Limettenscheiben und Thymian zum Garnieren
---
250 g saure Sahne
---

1. Die Zwiebel schälen und hacken. Das Kürbisfleisch in Würfel schneiden. Die Möhren waschen, schälen und in dünne Scheiben schneiden. Den Schinken in Würfel schneiden. Zwiebeln, Möhren, Kürbisfleisch und Schinkenwürfel in den gewässerten Römertopf® geben. Salzen, pfeffern und das Lorbeerblatt sowie den Thymian zufügen. Mit 125 ml Wasser begießen. Den Topf zugedeckt in den kalten Backofen stellen. Ofen auf 220 °C (Gas Stufe 4; Umluft 200 °C) aufheizen und das Gericht 1 Stunde garen, bis das Kürbisfleisch weich ist. Während der Garzeit einmal umrühren.
2. Kurz vor Ende der Garzeit die Pinienkerne in einer beschichteten Pfanne ohne Fett rösten und über das Kürbisgemüse streuen. Mit Limettenscheiben und Thymian garnieren und mit der sauren Sahne servieren.

Pro Person 342 kcal / 1437 kJ
17 g KH   26 g E   18 g F

Gebackene Zucchini

2 große Sommer-Zucchini · 4 EL zerlassene Butter
1 EL Zitronensaft
Salz, Pfeffer aus der Mühle
4 EL Walnußöl · 4 EL trockener Sherry
2 EL Schnittlauchröllchen
4 EL gehackte Petersilie
2 EL gehackte Walnüsse
2 EL Paniermehl
2 EL frisch geriebener Parmesan
Petersilie zum Garnieren

1. Die Zucchini längs halbieren, entkernen und mit den Schnittstellen nach oben in den gewässerten Römertopf® legen. Die Butter und den Zitronensaft über die Schnittstellen träufeln und leicht mit Salz und Pfeffer würzen. Den Römertopf® zudecken und in den kalten Backofen stellen. Den Ofen auf 220 °C (Gas Stufe 4; Umluft 200 °C) aufheizen und die Zucchinihälften 45 Minuten garen.
2. Das Walnußöl mit dem Sherry, dem Schnittlauch und der Petersilie verrühren und über den Zucchinihälften verteilen. Mit den Walnüssen, dem Paniermehl sowie dem Parmesan bestreuen und offen weitere 15 Minuten garen, bis die Kruste knusprig und goldfarben ist. Mit Petersilie garniert servieren.

Pro Person 261 kcal / 1095 kJ
7 g KH   4 g E   23 g F

Wirsingrouladen

1 mittelgroßer Wirsing
125 g Langkornreis
1 Lorbeerblatt
Schale von 1 unbehandelten Zitrone
½ Zwiebel · 1 EL Olivenöl
2 Knoblauchzehen
2 EL Korinthen
2 EL Pinienkerne
2 TL getrockneter Oregano
Salz, Pfeffer aus der Mühle
250 g Rinder- oder Lammhackfleisch
1 Ei
400 ml Fleischbrühe

1. Vom Wirsing acht große Blätter ablösen, waschen, trockentupfen und die Mittelrippe flachschneiden. (Den restlichen Wirsing anderweitig verwenden, siehe z. B. Rezept S. 138.) In einem großen Topf reichlich Wasser aufkochen und die Wirsingblätter darin 3 Minuten blanchieren. Abschrecken und gut abtropfen lassen.
2. Den Reis mit dem Lorbeerblatt in einen Topf geben. Die Zitronenschale in Stücke schneiden und mit reichlich kaltem Wasser zum Reis geben. Aufkochen und 10 Minuten köcheln lassen, dann abgießen. Das Lorbeerblatt und die Zitronenschale entfernen.
3. Die Zwiebel schälen und hacken. Die Hälfte des Öls in einer Pfanne erhitzen, die Zwiebel, den durchgepreßten Knoblauch, die Korinthen und die Pinienkerne darin 5 Minuten anbraten. Mit Oregano, Salz und Pfeffer würzen, dann den

Reis zugeben. Das Hackfleisch zufügen und das verquirlte Ei untermischen.
4. In die Mitte jedes Wirsingblattes je etwa 3 gehäufte Teelöffel Füllung geben. Die Seiten über den Reis schlagen, die Blätter zu Rouladen aufrollen und mit den Nahtstellen nach unten in den gewässerten Römertopf® legen. Die Brühe angießen und das Lorbeerblatt und die Zitronenschale dazugeben. Den Topf zugedeckt in den kalten Backofen stellen. Den Ofen auf 220 °C (Gas Stufe 4; Umluft 200 °C) aufheizen und die Wirsingrouladen etwa 1 Stunde garen.

Pro Person 413 kcal / 1728 kJ
37 g KH   24 g E   18 g F

Gefüllte Auberginen

1 große Zwiebel · 2 EL Olivenöl · ¹/₂ TL getrockneter Oregano

Salz, Pfeffer aus der Mühle

60 g Langkornreis · 125 ml Hühner- oder Gemüsebrühe

2 große Auberginen

1 Dose Pizzatomaten (à 400 g)

2 EL Korinthen · 4 EL Pinienkerne · 1 Knoblauchzehe

4 EL frisch geriebener Parmesan

4 EL gehackte Petersilie

1. Zwiebel schälen und hacken. 2 EL Öl in einem kleinen Topf erhitzen und die Zwiebel darin glasig dünsten. Den Oregano, Salz, Pfeffer, den Reis und die Brühe unterrühren. Kurz aufkochen lassen und zugedeckt bei schwacher Hitze 20 Minuten köcheln lassen.
2. In der Zwischenzeit die Auberginen waschen, trockenreiben, halbieren und aushöhlen, dabei einen Rand von 2 cm stehen lassen. Die Auberginenhälften mit den Schnittflächen nach oben nebeneinander in den gewässerten Römertopf® legen.
3. Die Tomaten, die Korinthen, die Pinienkerne, den zerdrückten Knoblauch, den Parmesan und den größten Teil der Petersilie unter den Reis heben. Die Mischung in die Auberginenhälften füllen. Den zugedeckten Römertopf® in den kalten Backofen stellen. Den Ofen auf 230 °C (Gas Stufe 4–5; Umluft 210 °C) aufheizen und die Auberginen etwa 1 Stunde garen, bis sie weich sind. Mit der restlichen Petersilie bestreuen.

Pro Person 302 kcal / 1262 kJ
25 g KH   8 g E   18 g F

Fisch im Römertopf®

Lachs mit Frühlingszwiebeln

---
4 Lorbeerblätter · 4 Frühlingszwiebeln · 4 Lachssteaks
---
4 EL gehackter Dill · 2 TL Zucker

Salz, Pfeffer aus der Mühle · 2 EL Zitronensaft
---
4 EL zerlassene Butter · 250 g saure Sahne
---

1. Die Lorbeerblätter in den gewässerten Römertopf® legen. Die Frühlingszwiebeln putzen, waschen und hacken. Die Hälfte der Frühlingszwiebeln über die Lorbeerblätter streuen. Die Lachssteaks waschen, trockentupfen und darauf legen. Die Hälfte des Dills, die restlichen Frühlingszwiebeln, den Zucker, etwas Salz und Pfeffer gleichmäßig darüber streuen. Mit Zitronensaft und der zerlassenen Butter beträufeln. Den Römertopf® zudecken und in den kalten Backofen stellen. Den Ofen auf 220 °C (Gas Stufe 4; Umluft 200 °C) aufheizen und das Gericht 30 bis 35 Minuten garen.
2. In der Zwischenzeit den restlichen gehackten Dill mit der sauren Sahne verrühren. Den Fisch mit einem Fischheber vorsichtig auf vorgewärmte Teller geben. Den Garsud unter die Dillsauce rühren. Die Sauce mit Salz und Pfeffer abschmecken und über die Lachssteaks geben, mit etwas Dill garnieren. Dazu schmecken neue Kartoffeln und Salat.

Pro Person 368 kcal / 1537 kJ
7 g KH   20 g E   24 g F

Dorsch auf dem Zucchinibett

4 Dorschkoteletts
4 Kardamomkapseln
2 kleine Zucchini
60 g Paniermehl
4 EL Schnittlauchröllchen
2 EL Joghurt
Salz
Pfeffer aus der Mühle
2 EL zerlassene Butter
Zitronenscheiben zum Garnieren

1. Die Dorschkoteletts entgräten, waschen, trockentupfen und in den gewässerten Römertopf® legen. Die Kardamomkapseln öffnen, die schwarzen Samen in einen Mörser geben und fein zerstoßen. Den Kardamom über den Fisch streuen.
2. Die Zucchini putzen, schälen, raspeln und mit dem Paniermehl und dem Schnittlauch in einer Schüssel verrühren. Den Joghurt dazugeben und mit Salz und Pfeffer abschmecken. Die Joghurtmischung zwischen den Dorschkoteletts verteilen.
3. Die zerlassene Butter über den Fisch träufeln. Den Römertopf® zudecken und in den kalten Backofen stellen. Den Ofen auf 220 °C (Gas Stufe 4; Umluft 200 °C) aufheizen und das Gericht 30 Minuten garen. Den Deckel entfernen und den Topf weitere 5 bis 10 Minuten in den Ofen stellen, bis der Fisch gar und die Joghurtmischung gebräunt ist. Mit Zitronenscheiben garnieren, mit Garflüssigkeit beträufeln

und sofort servieren. Salsa verde (siehe Rezept S. 200) schmeckt gut dazu.

Pro Person 288 kcal / 1204 kJ
13 g KH   43 g E   7 g F

Scholle auf Gemüse

1 kg kleine neue Kartoffeln
Salz
250 g ausgepalte frische Erbsen
4 kleine Möhren
4 kleine Zucchini
6 Frühlingszwiebeln
Pfeffer aus der Mühle
abgeriebene Schale und Saft von 1 unbehandelten Limette
4 Schollenfilets (à 200 g)
1 EL gehackter Estragon
4 EL zerlassene Butter

1. Die Kartoffeln schälen, waschen und in einem Topf mit Wasser bedecken, zum Kochen bringen und 8 bis 10 Minuten garen. Sie sollten nicht zu weich sein. Abgießen und in den gewässerten Römertopf® legen.
2. In einem Topf reichlich Salzwasser zum Kochen bringen. Die Erbsen darin 5 Minuten blanchieren, mit einem Schaumlöffel herausheben und beiseite stellen.
3. Die Möhren schälen, waschen und in dünne Scheiben schneiden. 2 Minuten blanchieren und zu den Kartoffeln geben. Die Zucchini schälen und in dünne Scheiben schneiden. Die Frühlingszwiebeln putzen, waschen und hacken. Beides mit etwas Salz, Pfeffer und der Limettenschale zu dem Gemüse in den Römertopf® geben. Alles gut verrühren. Die Schollenfilets waschen, trockentupfen und auf das Gemüse legen. Mit Salz und Pfeffer würzen, mit Estragon bestreuen und mit dem Limettensaft und der Butter beträufeln.

4. Den Topf zudecken und in den kalten Backofen stellen. Auf 220 °C (Gas Stufe 4; Umluft 200 °C) aufheizen. Das Gericht 30 Minuten garen. Dann die Erbsen vorsichtig zwischen die Fischfilets geben und weitere 5 bis 10 Minuten garen, bis die Schollenfilets gar sind und das Gemüse weich ist.

Pro Person 529 kcal / 2219 kJ
48 g KH   51 g E   14 g F

Marinierter Schwertfisch mit Limette

4 Schwertfischsteaks (à 200 g)
Salz, Pfeffer aus der Mühle
4 Thymianzweige · 4 Lorbeerblätter
6 EL Schnittlauchröllchen
abgeriebene Schale und Saft von 1 unbehandelten Limette
4 EL Olivenöl · 4 EL trockener Sherry
500 g grüne Bohnen
1 kleine rote Zwiebel in dünnen Scheiben
Limettenachtel zum Garnieren

1. Den Fisch waschen, gut trockentupfen, salzen und pfeffern. Mit dem Thymian, den zerbröselten Lorbeerblättern sowie dem Schnittlauch bestreuen. Die Limettenschale mit dem Limettensaft, dem Olivenöl und dem Sherry in einer Schüssel verrühren und über den Fisch geben. Zudecken und mindestens 3 Stunden marinieren.
2. Schwertfischsteaks mit der Marinade in den gewässerten Römertopf® geben, zudecken und in den kalten Backofen stellen. Den Ofen auf 220 °C (Gas Stufe 4; Umluft 200 °C) aufheizen und den Fisch 25 Minuten garen.
3. In der Zwischenzeit die Bohnen waschen und putzen. Reichlich Salzwasser in einem Topf zum Kochen bringen. Die Bohnen darin 2 Minuten blanchieren, dann abgießen. Die Bohnen in den Römertopf® geben und alles zugedeckt weitere 10 bis 15 Minuten garen. Das Gericht auf Tellern anrichten. Mit Zwiebelscheiben und Limettenspalten garnieren.

Pro Person 394 kcal / 1652 kJ
6 g KH   43 g E   21 g F

Makrelenröllchen auf Gurkengemüse

6 Rosmarinzweige · 8 Makrelenfilets

Salz, Pfeffer aus der Mühle

3 EL geriebener Meerrettich · 1 mittelgroße Schmorgurke

6 Frühlingszwiebeln · 250 ml Cidre · 1 EL Butter

Rosmarinzweige zum Garnieren

1. Die Rosmarinzweige auf den Boden des gewässerten Römertopfes® legen. Die Makrelenfilets waschen, gut trockentupfen, eventuell von Gräten befreien, salzen und pfeffern. Die Fleischseite der Filets mit wenig Meerrettich bestreichen. Die Filets mit der Hautseite nach innen aufrollen, mit Holzspießchen feststecken und in den Römertopf® legen. Die Gurke schälen, entkernen und grob würfeln. Die Frühlingszwiebeln putzen, waschen und hacken. Gurken und Frühlingszwiebeln zu den Fischröllchen geben und den Cidre darüber gießen.
2. Den Römertopf® zudecken und in den kalten Backofen stellen. Den Ofen auf 220 °C (Gas Stufe 4; Umluft 200 °C) aufheizen und das Gericht darin 35 bis 40 Minuten garen.
3. Die Fischröllchen auf einen vorgewärmten Teller legen. Mit einem Schaumlöffel die Gurken um den Fisch anrichten und warm stellen. Den Garsud durch ein feines Sieb in einen Topf gießen und bei starker Hitze auf die Hälfte einkochen lassen. Die Butter unter ständigem Rühren mit einem Schneebesen kräftig unterschlagen. Die Sauce abschmecken und über die Makrelen geben. Mit Rosmarin garnieren.

Pro Person 718 kcal / 3007 kJ
9 g KH   66 g E   44 g F

Gefüllte Renken

4 küchenfertige Renken · 4 kleine Champignons
4 Frühlingszwiebeln · 60 g Paniermehl
2 EL gehackte Petersilie · 2 TL gehackter Thymian
abgeriebene Schale von ¹/₂ unbehandelten Zitrone
Salz, Pfeffer aus der Mühle
2 EL trockener Sherry · 2 EL Mandelblättchen
4 EL zerlassene Butter
Zitronenachtel zum Garnieren
Petersilienzweige zum Garnieren

1. Die Renken waschen und mit Küchenpapier trockentupfen. Die Champignons putzen und hacken. Die Frühlingszwiebeln putzen, waschen und hacken. Das Paniermehl, die Pilze, die Frühlingszwiebeln, die Petersilie, den Thymian und die Zitronenschale vermischen. Salzen, pfeffern und den Sherry unterrühren. Die Füllung mit einem Teelöffel gleichmäßig in die Bauchöffnungen der Renken geben.
2. Die Renken in den gewässerten Römertopf® legen. Mit den Mandeln bestreuen und mit der Butter beträufeln. Den Römertopf® zugedeckt in den kalten Backofen stellen. Den Ofen auf 220 °C (Gas Stufe 4; Umluft 200 °C) aufheizen und das Gericht 30 bis 35 Minuten garen.
3. Den Deckel abnehmen und weitere 5 bis 10 Minuten garen, bis die Mandeln gebräunt sind und der Fisch gar ist. Stechen Sie mit einem Messer in die dickste Stelle des Fisches, um den Gargrad zu prüfen. Mit Zitronenachteln und Petersilie garnieren.

Pro Person 491 kcal / 2055 kJ
14 g KH   46 g E   27 g F

Gebackener Thunfisch

$^1/_2$ *Zwiebel · 1 grüne Paprikaschote*
250 g Langkornreis
600 ml Gemüse- oder Hühnerbrühe
Salz, Pfeffer aus der Mühle
1 Dose Mais (à 375 g)
2 Dosen abgetropfter, zerpflückter Thunfisch (à 250 g)
250 g Schlagsahne oder griechischer Joghurt
125 g geriebener Käse
Petersilie zum Garnieren

1. Die Zwiebel schälen und hacken. Die Paprikaschote waschen, von Stielansatz und Kerngehäuse befreien und in Würfel schneiden. Den Reis, die Zwiebel und die Paprikaschote im gewässerten Römertopf® mischen. Die Brühe dazugießen, salzen und pfeffern. Den Topf zudecken und in den kalten Backofen stellen. Den Ofen auf 220 °C (Gas Stufe 4; Umluft 200 °C) aufheizen und das Gericht 40 Minuten schmoren, bis der Reis fast gar und die Flüssigkeit fast verkocht ist.
2. Den Mais, den Thunfisch, die Sahne oder den Joghurt und zwei Drittel des Käses unter den Reis heben. Den restlichen Käse darüber streuen. Das Gericht weitere 10 Minuten garen, bis der Käse leicht gebräunt ist. Mit Petersilie garnieren. Dazu knackigen grünen Salat servieren.

Pro Person 694 kcal / 2906 kJ
64 g KH   29 g E   35 g F

Überbackener Fisch

750 g Kabeljaufilet

abgeriebene Schale und Saft von 1 unbehandelten Zitrone

Salz, Pfeffer aus der Mühle · 250 g Pilze

4 Frühlingszwiebeln · 4 EL Petersilie · 200 g geriebener Käse

4 EL trockener Weißwein · 125 g Doppelrahmfrischkäse

1 kg gekochte Kartoffeln · 2 EL Butter in Flöckchen

1. Das Fischfilet waschen, trockentupfen und in mundgerechte Würfel schneiden. Eventuell Gräten entfernen und die Hälfte der Fischwürfel in den gewässerten Römertopf® legen. Die Hälfte der Zitronenschale und des Zitronensaftes darüber geben. Mit Salz und Pfeffer würzen. Die Pilze putzen und in Scheiben schneiden. Die Frühlingszwiebeln putzen, waschen und hacken. Die Petersilie waschen, trockenschütteln und die Blättchen hacken. Die Hälfte der Pilze, der Petersilie und der Frühlingszwiebeln auf die Fischwürfel geben und ein Drittel des geriebenen Käses darüber streuen. Mit einer weiteren Lage ebenso verfahren.
2. Den Weißwein darüber gießen und den Frischkäse gleichmäßig auf der obersten Lage verstreichen. Die Kartoffeln in Scheiben schneiden und dachziegelartig darauf legen. Den restlichen Käse und die Butterflöckchen darüber streuen.
3. Den Topf zudecken und in den kalten Backofen stellen. Den Ofen auf 220 °C (Gas Stufe 4; Umluft 200 °C) aufheizen und das Gericht etwa 35 Minuten garen. Den Deckel entfernen und weitere 15 Minuten garen, bis die Kartoffeln goldbraun sind und der Fisch gar ist. Sofort servieren. Dazu Aioli (siehe Rezept S. 193) servieren.

Pro Person 702 kcal / 2943 kJ
39 g KH   62 g E   31 g F

Heilbutt auf Spinat

---
500 g frischer Spinat · 2 Knoblauchzehen
---
60 g Butter · 3 EL frisch geriebener Ingwer
---
1 EL Kreuzkümmel (Cumin)
---
1 TL Kardamomsamen · 1 EL gemahlener Koriander
---
1 TL gemahlene Kurkuma · 2 EL Joghurt

Salz, Pfeffer aus der Mühle
---
250 g gekochte Garnelen · 8 Heilbuttfilets ohne Haut
---
4 gehäutete, gehackte Tomaten · 1 EL gehackter Koriander
---

1. Den Spinat putzen, waschen und tropfnaß in einen großen Topf geben. Zudecken und bei starker Hitze 5 Minuten dünsten, bis die Blätter zusammengefallen sind. Dabei den Topf immer wieder bewegen. Den Spinat gut abtropfen lassen und in den gewässerten Römertopf® legen.
2. Knoblauch schälen und fein hacken. Die Butter in einem Topf zerlassen. Knoblauch und Ingwer darin 3 Minuten unter Rühren anbraten. Kreuzkümmel, Kardamom, Koriander und Kurkuma dazugeben und weitere 2 Minuten dünsten. Von der Herdplatte nehmen, den Joghurt unterrühren und mit Salz und Pfeffer abschmecken. Die Garnelen auf dem Spinat verteilen. Die Heilbuttfilets waschen, trockentupfen und darauf legen. Die Würzmischung darauf verteilen.
3. Den Römertopf® zudecken und in den kalten Backofen stellen. Den Ofen auf 220 °C (Gas Stufe 4; Umluft 200 °C) aufheizen und das Gericht 40 Minuten garen. Der Fisch sollte nicht zerfallen. Mit den Tomatenstücken und dem Koriander bestreuen.

Pro Person 565 kcal / 2367 kJ
6 g KH   87 g E   21 g F

Fischertopf mit Fenchel

1 Zwiebel · 2 Fenchelknollen · 60 g Butter
2 EL Olivenöl · Salz, Pfeffer aus der Mühle
2 Dosen Pizzatomaten (à 400 g) · 250 g Garnelen
Fleisch von 8 Jakobsmuscheln, roh
500 g weißes Fischfilet, (z. B. Seelachs, Dorsch, Kabeljau)
4 große Basilikumzweige · 10 schwarze Oliven, ohne Stein
frisch geriebener Parmesan

1. Zwiebel schälen und in Ringe schneiden. Den Fenchel putzen, waschen und in Scheiben schneiden. Die Butter mit dem Öl in einem Topf erhitzen. Die Zwiebel und den Fenchel dazugeben, salzen, pfeffern und unter gelegentlichem Umrühren 20 Minuten bei mittlerer Hitze dünsten, bis der Fenchel gar ist. Die Tomaten unterrühren und alles 3 Minuten köcheln lassen. Das Gemüse in den gewässerten Römertopf® geben.
2. Die Garnelen und das Muschelfleisch unter das Tomaten-Fenchel-Gemüse rühren. Fischfilet waschen, trockentupfen, in mundgerechte Würfel schneiden und darauf verteilen. Den Römertopf® zugedeckt in den kalten Backofen stellen. Den Ofen auf 220 °C (Gas Stufe 4; Umluft 200 °C) aufheizen und das Gericht etwa 35 Minuten garen.
3. Basilikum waschen, trockenschütteln, die Blättchen abzupfen und in Streifen schneiden. Die Oliven in Scheiben schneiden. Den Fischertopf mit Salz und Pfeffer würzen. Die Fischwürfel, die Oliven sowie das Basilikum vorsichtig unter das Gemüse heben. Mit Parmesan bestreuen. Dazu frisches Brot und Aioli (siehe Rezept S. 193) reichen.

Pro Person 447 kcal / 1865 kJ
9 g KH   44 g E   26 g F

Hühnerschenkel mit Paprika-Tomaten-Gemüse (Rezept Seite 70)

Geflügel aus dem Römertopf®

Marinierte Hähnchenbrust auf Gemüse

¹/₂ *Bund Dill*
1 Knoblauchzehe
1 EL Paprikapulver
1 Tasse trockener Wermut
¹/₄ *l Hühnerbrühe*
4 Hähnchenbrustfilets
2 große Zwiebeln
6 große Champignons
1 große Möhre
1 grüne Paprikaschote
Salz, Pfeffer aus der Mühle

1. Dill waschen, trockenschütteln und hacken. Knoblauchzehe schälen, durch die Presse drücken und beides mit Paprikapulver, Wermut und Hühnerbrühe verrühren.
2. Die Hähnchenbrustfilets waschen und trockentupfen. Mit der Marinade übergießen, abdecken und für 6 Stunden in den Kühlschrank stellen. Zwiebeln schälen, Champignons putzen, Möhre waschen und schälen. Die Paprikaschote waschen, trockenreiben und von Stielansatz und Kerngehäuse

befreien. Alle Gemüse in mundgerechte Stücke schneiden und in den gewässerten Römertopf® geben. Mit Salz und Pfeffer würzen.
3. Hähnchenbrüste darauf legen und mit der Hälfte der Marinade begießen. Römertopf® zugedeckt in den kalten Backofen stellen. Ofen auf 200 °C aufheizen (Gas Stufe 3; Umluft 180 °C) und die Hühnerbrüste 45 Minuten garen. Mit Salzkartoffeln oder Reis servieren.

Pro Person 300 kcal / 1255 kJ
8 g KH   54 g E   2 g F

Hühnerschenkel mit Paprika-Tomaten-Gemüse

(siehe Foto Seite 67)

4 küchenfertige Hühnerschenkel
Salz, schwarzer Pfeffer
edelsüßes Paprikapulver
400 g grüne Paprikaschoten
400 g Tomaten
1 große Zwiebel
20 g Butter

1. Tontopf 30 Minuten wässern. Hühnerschenkel mit Salz, Pfeffer und Paprika einreiben. Paprikaschoten waschen, abtrocknen, halbieren, Kerne und weiße Teile entfernen und in Streifen schneiden. Tomaten kurz mit kochendem Wasser überbrühen, Haut abziehen und in dicke Scheiben schneiden. Zwiebel schälen und würfeln.
2. Die Hälfte von Paprikaschoten, Tomaten und Zwiebel in den Tontopf geben und würzen. Hühnerschenkel darauf legen. Mit dem restlichen Gemüse bedecken und ebenfalls würzen. Butterflöckchen darauf setzen. Deckel darauf geben und in den kalten Backofen stellen. Den Ofen auf 220 °C (Gas Stufe 4; Umluft 200 °C) aufheizen und die Hühnerschenkel 55 Minuten garen. 10 Minuten vor Beendigung der Garzeit den Deckel abnehmen. Hühnerschenkel mit Sauce begießen und bei Oberhitze bräunen. Dazu Reis servieren.

Pro Person 260 kcal / 1100 kJ
4 g KH   46 g E   10 g F

Hähnchenkeulen mit Brokkoli

---

8 Hähnchenkeulen · Salz, Pfeffer aus der Mühle

2 EL Weizenmehl · 2 EL Öl

$^1/_2$ Bund Thymian · $^1/_2$ Bund Salbei

250 ml trockener Weißwein

600 g Brokkoli · 125 g saure Sahne

---

1. Die Hähnchenkeulen waschen und trockentupfen. Salzen, pfeffern und in etwas Mehl wenden. Das Öl in einer Pfanne erhitzen und die Hähnchenkeulen darin rundum kräftig anbraten. Dann in den gewässerten Römertopf® legen.
2. Die Kräuter waschen, trockenschütteln und die Blättchen abzupfen. Salbei grob hacken. Das restliche Mehl zusammen mit dem Thymian und dem Salbei in die Pfanne geben. Den Wein angießen. Die Sauce über den Hähnchenkeulen verteilen. Den Topf zugedeckt in den kalten Backofen stellen. Den Ofen auf 220 °C (Gas Stufe 4; Umluft 200 °C) aufheizen und die Hähnchenkeulen 30 Minuten schmoren.
3. In der Zwischenzeit in einem Topf Salzwasser zum Kochen bringen. Brokkoli putzen und in Röschen teilen. Die Brokkoliröschen 3 Minuten blanchieren, abtropfen lassen, im Römertopf® zwischen den Hähnchenkeulen verteilen und mit der Sauce beträufeln. Zugedeckt weitere 15 Minuten garen, bis das Fleisch zart ist und sich leicht vom Knochen löst. Die Hähnchenkeulen und den Brokkoli auf vorgewärmte Teller geben. Die saure Sahne unter die Sauce rühren, mit Salz und Pfeffer abschmecken und über die Hähnchenkeulen geben.

Pro Person 827 kcal / 3467 kJ
8 g KH   90 g E   43 g F

Coq au Vin

1 küchenfertiges Hähnchen (ca. 1200g)
1 Knoblauchzehe
1 Bouquet garni
Salz, Pfeffer aus der Mühle
1 Flasche Rotwein
60 g Butter
1 EL Olivenöl
4 Schinkenscheiben
1 Glas eingelegte Zwiebeln (à 350 ml)
350 g Champignons
3 EL Weizenmehl
4 EL gehackte Petersilie
Petersilienzweige und Croûtons zum Garnieren

1. Das Hähnchen vierteln, häuten, waschen, trockentupfen und in eine Schüssel legen. Den Knoblauch schälen und durchpressen. Mit dem Bouquet garni, Salz, Pfeffer und Wein zu den Hähnchenstücken geben. Zudecken und 24 Stunden kalt stellen.
2. Die Hälfte der Butter zusammen mit dem Öl in einer Pfanne erhitzen. Die Hähnchenstücke aus der Marinade nehmen, trockentupfen und im Fett auf jeder Seite kräftig anbraten. In den gewässerten Römertopf® geben. Den Schinken in Würfel schneiden. Die abgetropften Zwiebeln halbieren und beides im Bratfett anbraten, bis die Zwiebeln leicht gebräunt sind. Zusammen mit der Marinade in den Römertopf® geben. Den Topf zudecken und in den kalten Backofen stellen. Den Ofen auf 220 °C (Gas Stufe 4; Umluft 200 °C) aufheizen und das Gericht 45 Minuten garen. Die

Pilze putzen, dazugeben und alles weitere 45 Minuten garen, bis die Hähnchenviertel zart sind. In der Zwischenzeit das Mehl mit der restlichen Butter verkneten.
3. Das Fleisch auf vorgewärmte Teller verteilen. Die Sauce durch ein Sieb in einen Topf gießen und aufkochen lassen. Die Mehlbutter unterrühren und alles 3 Minuten unter Rühren leicht köcheln lassen. Die Sauce über das Fleisch verteilen und mit Petersilie bestreuen. Mit Petersilienzweigen und Croûtons (siehe Rezept S. 194) garnieren.

Pro Person 924 kcal / 3866 kJ
21 g KH   80 g E   42 g F

Hähnchenkeulen mit Frühlingszwiebeln

8 Hähnchenkeulen · 1 TL Sesamöl · 1 EL trockener Sherry
1 Msp Fünf-Gewürze-Pulver
1 Msp gemahlener weißer Pfeffer
1 Knoblauchzehe · 1 kleines Stück frische Ingwerwurzel
4 EL Sojasauce · 8 Frühlingszwiebeln zum Garnieren
2 EL Sesamsamen

1. Die Hähnchenkeulen waschen, trockentupfen, mehrmals mit einem Messer einschneiden und in eine Schüssel legen. Das Öl mit dem Sherry, dem Fünf-Gewürze-Pulver, etwas Pfeffer, dem durchgepreßten Knoblauch, dem frisch geriebenen Ingwer und der Sojasauce verrühren und auf die Hähnchenkeulen streichen. Zudecken und mindestens 5 Stunden kühl stellen, am besten über Nacht.
2. Die Frühlingszwiebeln putzen, waschen und längs mehrmals einschneiden, so daß sie am Wurzelende noch zusammenhalten. Mindestens 30 Minuten in Eiswasser legen, damit sich die Streifen kringeln.
3. Die Hähnchenkeulen mit der Marinade in den gewässerten Römertopf® geben. Den Topf zudecken und in den kalten Backofen stellen. Den Ofen auf 240 °C (Gas Stufe 5; Umluft 220 °C) aufheizen und die Hähnchenkeulen 35 Minuten garen. Dann die Keulen mit der Garflüssigkeit bestreichen und mit den Sesamsamen bestreuen. Ohne Deckel weitere 15 Minuten garen. Mit den Frühlingszwiebeln garnieren. Dazu Reis reichen.

Pro Person 716 kcal / 2999 kJ
5 g KH   88 g E   38 g F

Hähnchen mit Orangenfüllung

2 unbehandelte Orangen · 1 EL brauner Zucker
1 kirschgroßes Stück frische Ingwerwurzel
$1/2$ TL Nelkenpfeffer · 125 ml Sojasauce · 125 ml Orangensaft
1 großes Brathähnchen (ca. 1800 g)
Salz, Pfeffer aus der Mühle
2 Knoblauchzehen · 250 ml Geflügelbrühe
1 EL Maisstärke · 2–3 EL Orangensaft

1. Die Orangenschale abreiben. Die Orangen schälen und quer in Scheiben schneiden. Zucker, geriebenen Ingwer und Nelkenpfeffer mit Sojasauce und Orangensaft verrühren.
2. Das Hähnchen innen und außen waschen und trockentupfen. Innen und außen mit Salz und Pfeffer bestreuen. Knoblauch durchpressen und das Hähnchen damit einreiben. Hähnchen mit den Orangenscheiben füllen und die Öffnung mit Holzspießchen verschließen.
3. Das Hähnchen in den gewässerten Römertopf® legen, mit der Orangen-Soja-Sauce übergießen und mit der Orangenschale bestreuen. Den Römertopf® zugedeckt in den kalten Backofen stellen. Ofen auf 200 °C (Gas Stufe 3; Umluft 180 °C) aufheizen und das Hähnchen 1 Stunde schmoren.
4. Den Bratensaft abgießen und das Hähnchen damit bestreichen. Nochmals 15 Minuten ohne Deckel bräunen. Restlichen Bratensaft mit dem Geflügelfond in einen Topf geben, zum Kochen bringen und mit der Maisstärke binden. Mit Salz, Pfeffer und etwas Orangensaft abschmecken. Dazu Salzkartoffeln reichen.

Pro Person 720 kcal / 3021 kJ
18 KH   64 g E   44 g F

Arabisches Hähnchen

Salz · 60 g Wildreis · 1 kleine Zwiebel

60 g Langkornreis

abgeriebene Schale und Saft von 1 unbehandelten Orange

Pfeffer aus der Mühle

4 kleine Hähnchen (à 500 g)

2 EL zerlassene Butter

2 EL flüssiger Honig

1 Msp gemahlene Kurkuma

1 kirschgroßes Stück frische Ingwerwurzel

1 TL gemahlener Koriander

4 EL Mandelblättchen

100 g Gurke

250 g griechischer Joghurt

1 TL gehackte Minze

1. In einem Topf reichlich Salzwasser zum Kochen bringen. Den Wildreis darin 30 Minuten garen, dann abgießen. Zwiebel schälen und hacken. Den Langkornreis und die Zwiebel zusammen mit 125 ml Wasser in einen Topf geben und 20 Minuten garen. Die beiden Reissorten vermischen. Die Orangenschale unterrühren und den Reis mit Salz und Pfeffer würzen.
2. Die Hähnchen innen und außen waschen, trockentupfen, mit dem Reis füllen und in den gewässerten Römertopf® legen. Die Butter mit Orangensaft, Honig, Kurkuma, dem fein geriebenen Ingwer und dem Koriander verrühren.
3. Die Hähnchen mit der Buttermischung bestreichen, gut salzen und pfeffern. Den Römertopf® zudecken und in den kalten Backofen stellen. Den Ofen auf 200 °C (Gas Stufe 3;

Umluft 180 °C) aufheizen und die Hähnchen 45 Minuten garen. Die Hähnchen mit der Garflüssigkeit bestreichen und mit den Mandelblättchen bestreuen. Ohne Deckel weitere 25 bis 30 Minuten schmoren, bis das Fleisch zart und die Kruste goldbraun ist. Die Gurke schälen, raspeln und mit dem Joghurt und der Minze verrühren. Zu den Hähnchen servieren.

Pro Person 850 kcal / 3566 kJ
36 g KH   60 g E   52 g F

Hähnchen mit Auberginen und Orangen

2 große Auberginen
Salz · 1 Zwiebel
60 g Butter
1 EL gemahlener Koriander
8 Zweige Thymian
1 Hähnchen (ca. 1200 g)
abgeriebene Schale und Saft von 1 unbehandelten Orange
geriebene Muskatnuß
Pfeffer aus der Mühle
4 Orangen

1. Die Auberginen waschen und in Scheiben schneiden. Die Scheiben mit Salz bestreuen, in ein Sieb schichten und über einer Schüssel 30 Minuten ziehen lassen. Mit kaltem Wasser abbrausen, trockentupfen und in den gewässerten Römertopf® geben.
2. Die Zwiebel schälen und in Scheiben schneiden. Die Hälfte der Butter in einer Pfanne erhitzen und die Zwiebeln darin in etwa 3 Minuten glasig dünsten. Die Auberginenscheiben mit dem Koriander bestreuen und die Zwiebelringe darauf legen. Den Thymian kurz abbrausen und trockenschütteln.
3. Das Hähnchen vierteln, waschen, trockentupfen und in den Topf legen, dabei unter jedes Viertel einen Thymianzweig geben. Die Orangenschale und den Orangensaft über den Hähnchenstücken verteilen. Hähnchen mit etwas Muskatnuß, Salz und Pfeffer würzen. Den Topf zudecken und in den kalten Backofen stellen. Den Ofen auf 220 °C (Gas

Stufe 4; Umluft 200 °C) aufheizen und die Hähnchenstücke 40 Minuten garen.
4. Die Orangen so schälen, daß auch die weiße Haut entfernt wird. Die Früchte in Scheiben schneiden. Die Orangenscheiben um die Hähnchenstücke verteilen und mit der restlichen Butter in Flöckchen belegen. Ohne Deckel weitere 15 bis 20 Minuten garen. Mit den restlichen Thymianzweigen garniert servieren.

Pro Person 658 kcal /2759 kJ
16 g KH   47 g E   45 g F

Hähnchenbrust auf Trockenfrüchten

4 Hähnchenbrustfilets · Salz, Pfeffer aus der Mühle
½ TL gemahlene Muskatblüte
2 EL Butter · 125 g eingelegte Zwiebeln
1 EL Weizenmehl · 4 EL Weinbrand
250 ml trockener Weißwein
250 g getrocknete Aprikosen
125 g getrocknete Pflaumen · 4 Lorbeerblätter
125 g kleine Champignons

1. Die Hähnchenbrustfilets waschen, trockentupfen, mehrmals einschneiden, salzen, pfeffern und mit Muskatblüte bestreuen. Die Butter in einer Pfanne erhitzen und die Hähnchenbrüste darin rundum kräftig anbraten. Dann in den gewässerten Römertopf® legen. Die abgetropften Zwiebeln halbieren, im Bratfett bräunen und in den Römertopf® geben.
2. Das Mehl zum Bratensatz in die Pfanne geben. Den Weinbrand und den Wein unter Rühren dazugießen und aufkochen lassen. Die Aprikosen und Pflaumen halbieren und entsteinen. Mit den Lorbeerblättern und den geputzten Pilzen unterrühren. Die Mischung über die Hähnchenbrustfilets geben.
3. Den Römertopf® zudecken und in den kalten Backofen stellen. Den Ofen auf 220 °C (Gas Stufe 4; Umluft 200 °C) aufheizen und das Gericht 50 Minuten garen, bis das Fleisch zart ist. Die Sauce mit Salz und Pfeffer abschmecken.

Pro Person 592 kcal / 2476 kJ
55 g KH   57 g E   7 g F

Marokkanisches Hähnchen

---
8 Hähnchenkeulen · 1 EL Speisestärke

Salz, Pfeffer aus der Mühle
---
1 TL gemahlener Ingwer
---
2 Dosen Kichererbsen (à 425 g)
---
1 Dose Artischockenherzen (à 425 g)
---
abgeriebene Schale und Saft von 1 unbehandelten Zitrone
---
6 Kardamomsamen
---
4 Lorbeerblätter · 125 ml Hühnerbrühe
---
1 EL Walnußöl
---
2 EL Sonnenblumenöl
---

1. Die Hähnchenkeulen waschen, trockentupfen und in der Speisestärke wenden. Mit Salz, Pfeffer und dem Ingwer würzen. Die Kichererbsen mit der Flüssigkeit in den gewässerten Römertopf® geben und die Artischockenherzen unterheben. Die Hähnchenkeulen darauf legen, die Zitronenschale und den Zitronensaft darüber geben.
2. Die Kardamomsamen und die Lorbeerblätter auf den Hähnchenkeulen verteilen. Die Hühnerbrühe darüber gießen. Zuerst das Walnußöl, dann das Sonnenblumenöl darüber träufeln. Römertopf® zugedeckt in den kalten Backofen stellen. Den Ofen auf 230 °C (Gas Stufe 4–5; Umluft 210 °C) aufheizen und das Gericht 35 Minuten garen. Die Hähnchenkeulen mit der Garflüssigkeit beträufeln und ohne Deckel weitere 10 bis 15 Minuten garen, bis das Fleisch gebräunt ist. Dazu Couscous oder Reis servieren.

Pro Person 953 kcal / 3993 kJ
35 g KH   97 g E   47 g F

Puten–Involtini

4 dünne Putenschnitzel

4 Frühlingszwiebeln

1 Bund Petersilie

½ Bund Salbei

2 Scheiben gekochter Schinken

6 EL Paniermehl

Salz, Pfeffer aus der Mühle

3 EL Milch

4 EL Preiselbeerkonfitüre

3 EL Weizenmehl

1 EL Öl · 250 ml Cidre

4 EL saure Sahne

frische Kräuter zum Garnieren

1. Die Putenschnitzel waschen, trockentupfen, zwischen zwei Lagen Klarsichtfolie legen und mit dem Nudelholz flach rollen. Die Frühlingszwiebeln putzen, waschen und fein hacken. Petersilie und Salbei waschen und trockenschütteln. Die Blättchen abzupfen und hacken. Den Schinken in kleine Würfel schneiden. Kräuter mit Paniermehl, Schinken, Frühlingszwiebeln, etwas Salz und Pfeffer vermischen.
2. Die Milch unterrühren und die Füllung dünn auf die Putenschnitzel streichen. Etwas Preiselbeerkonfitüre dünn auf die Füllung streichen. Die Putenschnitzel zu Rouladen aufrollen und mit Holzspießchen feststecken. Mit der Hälfte des Mehls bestäuben und mit Salz und Pfeffer würzen.
3. Das Öl in einer Pfanne erhitzen und die Involtini darin rundum kräftig anbraten. In den gewässerten Römertopf® legen.

4. Das restliche Mehl in die Pfanne geben und unter Rühren mit dem Cidre ablöschen. Die Sauce mit Salz und Pfeffer abschmecken und über die Rouladen gießen. Den Römertopf® zudecken und in den kalten Backofen stellen. Den Ofen auf 230 °C (Gas Stufe 4–5; Umluft 210 °C) aufheizen und die Involtini 50 Minuten garen.
5. Die Holzspieße entfernen, die Rouladen in Scheiben schneiden und auf vier Tellern fächerartig anrichten. Die saure Sahne unter die Sauce rühren und mit den Kräutern garnieren. Dazu Salat oder Gemüse der Saison reichen.

Pro Person 357 kcal / 1491 kJ
26 g KH   36 g E   9 g F

Ungarisches Putengeschnetzeltes

1 Knoblauchzehe
1 Zwiebel
je 1 grüne und 1 rote Paprikaschote
8 Eiertomaten
500 g Putenbrust
2 EL Weizenmehl
Salz, Pfeffer aus der Mühle
3 EL Olivenöl
1 TL getrockneter Majoran
250 ml Rotwein
12 schwarze Oliven
1 Handvoll Basilikumblätter
125 g saure Sahne

1. Den Knoblauch schälen und durchpressen. Die Zwiebel schälen, halbieren und in dünne Scheiben schneiden. Die Paprikaschoten waschen, trockenreiben, von Stielansatz und Kerngehäuse befreien und in dünne Streifen schneiden. Tomaten waschen, trockenreiben und in Scheiben schneiden.
2. Das Putenfleisch waschen, trockentupfen und in dünne, 3 cm lange Streifen schneiden. Mit Mehl bestäuben, salzen und pfeffern und in den gewässerten Römertopf® geben. Das Öl in einer Pfanne erhitzen. Knoblauch, Zwiebel und Paprika darin 5 Minuten braten. Die Mischung über das Putengeschnetzelte geben. Mit Majoran und Tomatenscheiben bedecken und den Wein darüber gießen. Römertopf® zugedeckt in den kalten Backofen stellen. Den Ofen auf 230 °C (Gas Stufe 4–5; Umluft 210 °C) aufheizen und

das Putengeschnetzelte 50 Minuten garen. Während der Garzeit einmal umrühren.
3. Die Oliven halbieren, entsteinen und unterheben. Einige Basilikumblätter zum Garnieren beiseite legen. Restliche Basilikumblätter fein hacken und zum Putengeschnetzelten geben. Geschnetzeltes mit Salz und Pfeffer abschmecken. Mit der sauren Sahne servieren und Reis oder Polenta dazu reichen.

Pro Person 397 kcal / 1663 kJ
12 g KH   34 g E   19 g F

Entenbrust auf Zuckererbsen

4 Entenbrustfilets
½ Bund gemischte Kräuter
2 EL Öl
2 TL Walnußöl
Salz, Pfeffer aus der Mühle
1 TL edelsüßes Paprikapulver
1 kleine Lauchstange
200 g Zuckererbsen
1 Dose Mais (à 225 g)
4 EL trockener Sherry
4 EL Pistazienkerne
Kräuterzweige zum Garnieren

1. Entenbrustfilets waschen und trockentupfen. Die Haut mehrmals mit einer Gabel einstechen und die Brüste in den gewässerten Römertopf® legen.
2. Kräuter waschen, trockenschütteln und hacken. Die Entenbrüste mit dem Öl beträufeln, mit etwas Salz und Pfeffer, dem Paprikapulver und den Kräutern bestreuen. Den Römertopf® zudecken und in den kalten Backofen stellen. Ofen auf 230 °C (Gas Stufe 4–5; Umluft 210 °C) aufheizen und die Entenbrustfilets 40 Minuten garen.
3. In der Zwischenzeit den Lauch putzen, waschen und nur das Weiße in feine Ringe schneiden. In einem kleinen Topf wenig Wasser zum Kochen bringen. Die Zuckererbsen darin 2 Minuten blanchieren. In ein Sieb abgießen, kalt abschrecken und beiseite stellen.

4. Die Entenbrüste aus dem Römertopf® nehmen. Den abgetropften Mais, die Lauchringe und die Zuckererbsen hineinlegen und in der Garflüssigkeit wenden. Die Entenbrustfilets darauf legen. Den Sherry darüber träufeln und die Pistazienkerne darüber streuen. Den Römertopf® ohne Deckel nochmals in den Ofen stellen und alles weitere 15 Minuten garen. Mit Kräuterzweigen garnieren und sofort servieren. Dazu Couscous oder eine Mischung aus Wild- und Basmatireis reichen.

Pro Person 518 kcal / 2174 kJ
11 g KH   31 g E   38 g F

Knoblauchente mit Linsen

2 Knoblauchknollen
2 Bund Petersilie
4 Bohnenkraut- oder Thymianzweige
1 küchenfertige Ente, in vier Teile zerlegt
abgeriebene Schale und Saft von 1 unbehandelten Limette
2 Msp Muskatblüte
1 Zimtstange
Salz, Pfeffer aus der Mühle
375 g grüne Linsen · 1 große Zwiebel
2 EL Weizenmehl
250 ml Hühnerbrühe

1. Die Knoblauchzehen aus den Knollen lösen, schälen, in einem kleinen Topf mit Wasser bedecken und aufkochen. Zugedeckt bei schwacher Hitze 20 Minuten köcheln lassen und abgießen. Die Kräuter waschen, trockenschütteln, die Blättchen abzupfen und hacken.
2. Die Ententeile waschen, trockentupfen, mehrmals mit einer Gabel einstechen und in den gewässerten Römertopf® geben. Die Knoblauchzehen um die Ente herum verteilen. Mit der Limettenschale und der Petersilie bestreuen und mit dem Limettensaft beträufeln. Den Thymian, die Muskatblüte und die Zimtstange hinzufügen. Ententeile salzen und pfeffern. Den Römertopf® zugedeckt in den kalten Backofen stellen. Den Ofen auf 220 °C (Gas Stufe 4; Umluft 200 °C) aufheizen und das Gericht 40 Minuten garen.
3. In der Zwischenzeit die Linsen in einem Topf mit Wasser bedecken. Die Zwiebel schälen, hacken und dazu-

geben. Linsen aufkochen und zugedeckt bei schwacher Hitze 30 Minuten köcheln lassen, dann in ein Sieb abgießen.
4. Die Garflüssigkeit der Ente in einen Topf gießen und das Mehl unterrühren. Die Hühnerbrühe unter Rühren angießen und aufkochen lassen. Sauce mit Salz und Pfeffer abschmecken.
5. Die Ententeile aus dem Römertopf® nehmen und die Linsen hineingeben. Die Ententeile darauf legen und die Sauce darüber gießen. Den Römertopf® ohne Deckel für weitere 15 Minuten in den Ofen stellen.

Pro Person 1172 kcal / 4918 kJ
57 g KH   119 g E   52 g F

Geschmorte Pute

Für 8 Personen
1 küchenfertige Babypute mit Innereien (ca. 3 kg)
Salz, Pfeffer aus der Mühle
$^1/_2$ Bund Petersilie
2 frische Bouquet garni · 3 Zwiebeln
6 Scheiben roher Schinken
1 Möhre
1 Lorbeerblatt
4 EL Weizenmehl

Geflügel dieser Größe verlangt natürlich nach dem Römertopf® in der Maxi-Ausführung, allerdings reicht das Rezept auch für acht Personen.

1. Die Puteninnereien für die Brühe beiseite legen. Die Pute innen und außen waschen, trockentupfen und mit Salz und Pfeffer einreiben. Die Petersilie waschen und trockenschütteln. Zwiebeln schälen und 1 Zwiebel halbieren. Pute mit 1 Bouquet garni, der Petersilie und 2 Zwiebelhälften füllen. Die Öffnung zunähen. Die zweite Zwiebel in Scheiben schneiden und in den gewässerten Römertopf® legen. Die Pute darauf legen und das zweite Bouquet garni dazulegen.
2. Die Schinkenscheiben auf das Geflügel legen. Den Römertopf® zugedeckt in den kalten Backofen stellen. Den Ofen auf 200 °C (Gas Stufe 3; Umluft 180 °C) aufheizen und die Pute pro 500 g Gewicht 20 Minuten plus weitere 20 Minuten garen (bei 3 kg sind das 2 Stunden und 20 Minuten). Den Truthahn dabei immer wieder mit Flüssigkeit beträufeln. 15 Minuten vor Garzeitende den Deckel entfernen.

3. Inzwischen für die Brühe die dritte Zwiebel in Scheiben schneiden und mit den Innereien (ohne die Leber), der geschälten Möhre, dem Lorbeerblatt und 750 ml Wasser in einen Topf geben. Zum Kochen bringen und zugedeckt 1 Stunde bei mittlerer Hitze köcheln lassen. Die Brühe durch ein Sieb abgießen. Den Bratensaft entfetten und in einen Topf geben. Das Mehl unterrühren und mit der Brühe aufgießen. Unter ständigem Rühren 10 bis 15 Minuten köcheln lassen. Die Sauce abschmecken und zur Pute servieren.

Pro Person 607 kcal / 2540 kJ
5 g KH   88 g E   26 g F

Puten sind ideal zum Füllen. Geben Sie ruhig etwas Füllung unter die Brusthaut, damit sie nicht so trocken wird. Dafür die Haut vorsichtig mit einem Messer ablösen und die Füllung mit einem Löffel zwischen die Haut und das Fleisch drücken.
Wenn etwas Füllung übrigbleibt, wird sie zu kleinen Knödeln geformt und 1 Stunde vor Garzeitende in den Römertopf® zur Pute gelegt.

Kastanienfüllung

650 g Kastanien
1 große Zwiebel
½ Bund Petersilie
3 frische Salbeizweige oder 1 EL getrockneter Salbei
250 g gekochter Schinken
60 g Paniermehl
etwas Milch zum Binden
Salz, Pfeffer aus der Mühle

Kastanien schälen und hacken. Zwiebel schälen und fein hacken. Kräuter waschen, trockenschütteln, die Blättchen abzupfen und hacken. Schinken in kleine Würfel schneiden. Alle Zutaten gut vermischen. Das Paniermehl und etwas Milch zum Binden unterrühren. Füllung mit Salz und Pfeffer würzen.

Pro Person 188 kcal / 790 kJ
29 g KH   8 g E   5 g F

Wurstbrätfüllung

500 g rohe Schweinswürste
1 kleine Zwiebel
½ Bund Petersilie
3 frische Thymianzweige oder 1 ½ TL getrockneter Thymian
60 g Paniermehl
Salz, Pfeffer aus der Mühle
4 EL Rotwein zum Binden

Wurstbrät aus der Haut drücken. Zwiebel schälen und fein hacken. Kräuter waschen, trockenschütteln, die Blättchen abzupfen und hacken. Alles gut mit dem Paniermehl mischen, mit Salz und Pfeffer würzen und den Rotwein unterrühren.

Pro Person 252 kcal / 1053 kJ
6 g KH   10 g E   21 g F

Hackfleisch-Pilz-Füllung

1 Zwiebel
125 g Pilze
250 g Schweinehackfleisch
125 g Paniermehl
$^1/_2$ TL gemahlene Muskatblüte
6 zerdrückte Wacholderbeeren
3 EL Petersilie
2 EL Rosinen
4-6 EL Portwein zum Binden

Zwiebel schälen und fein hacken. Pilze putzen und ebenfalls fein hacken. Hackfleisch, Zwiebeln, Pilze und Paniermehl gut vermischen. Mit Muskatblüte und den zerdrückten Wacholderbeeren würzen. Petersilie waschen, trockenschütteln und die Blättchen hacken. Rosinen fein hacken und mit der Petersilie zur Füllung geben. Portwein gründlich unterrühren.

Pro Person 172 kcal / 718 kJ
18 g KH   8 g E   7 g F

Gefüllte Poularde

Für 6 Personen
1 Zwiebel · 2 EL Olivenöl · 1 Knoblauchzehe · 4 EL Rosinen
1 EL gehackter Oregano · 4 EL Pinienkerne oder Cashewnüsse
1 Zimtstange · 4 Nelken · 125 g Langkornreis
250 ml Hühnerbrühe · 1 Poularde (ca. 1,8 kg)
4 Lorbeerblätter · 4 Thymianzweige
Salz, Pfeffer aus der Mühle · 4 EL Orangenlikör

1. Die Zwiebel schälen und hacken. Das Öl in einem Topf erhitzen. Den durchgepreßten Knoblauch, die Zwiebel, die Rosinen, den Oregano, die Pinienkerne oder Cashewnüsse, die Zimtstange und die Nelken darin bei mittlerer Hitze unter Rühren 5 Minuten andünsten. Den Reis dazugeben und die Brühe angießen. Aufkochen lassen und den Reis zugedeckt 15 Minuten bei mittlerer Hitze garen.
2. In der Zwischenzeit die Poularde innen und außen waschen und trockentupfen. Die Reismischung mit der gesamten Flüssigkeit in das Hähnchen füllen. Die Öffnung mit Holzspießchen zustecken, die Hähnchenschenkel zusammenbinden.
3. Die Poularde in den gewässerten Römertopf® legen. Die Lorbeerblätter und die Thymianzweige um das Hähnchen verteilen. Das Hähnchen salzen und pfeffern. Den Römertopf® zugedeckt in den kalten Backofen stellen. Den Ofen auf 220 °C (Gas Stufe 4; Umluft 200 °C) aufheizen und die Poularde 1 Stunde garen. Das Hähnchen mit dem Orangenlikör bestreichen und ohne Deckel weitere 15 Minuten garen, bis es goldfarben und knusprig ist.

Pro Person 949 kcal / 3970 kJ
28 g KH   61 g E   65 g F

Ente à l'Orange

Für 6 Personen

1 küchenfertige Ente (ca. 2,5 kg)

1 Zwiebel

4 Nelken · 2 große unbehandelte Orangen

4 Lorbeerblätter

1 Rosmarinzweig

Salz, Pfeffer aus der Mühle

250 ml trockener Weißwein

4 EL Orangenlikör

2 EL Zucker · 2 EL Maisstärke

1. Die Ente innen und außen waschen und trockentupfen. Die Haut mehrmals mit einer Gabel einstechen. Die Zwiebel schälen, mit den Nelken spicken und die Ente damit füllen. Die Orangen waschen und trockenreiben. Den Saft von 1 Orange auspressen und beiseite stellen. Die ausgepreßten Orangenhälften in die Ente geben. Die Ente in den gewässerten Römertopf® legen.
2. Die Lorbeerblätter und den Rosmarinzweig dazugeben. Die Ente salzen und pfeffern. Den Römertopf® zugedeckt in den kalten Backofen stellen. Den Ofen auf 240 °C (Gas Stufe 5; Umluft 220 °C) aufheizen und die Ente etwa 1 $^1/_2$ Stunden garen.
3. Das Fett vom Bratensaft abschöpfen und weggießen. Den Bratensaft in einen Topf geben. Den Römertopf® ohne Deckel 10 Minuten in den Ofen stellen, damit die Ente kroß wird. Die Schale der zweiten Orange abreiben und den Saft auspressen. Den Saft beider Orangen mit der abgeriebenen Orangenschale, dem Wein, dem Orangenlikör und dem

Zucker zum Bratensaft geben und 5 Minuten kochen lassen. Die Maisstärke mit etwas Wasser und heißer Sauce verrühren und in die Sauce rühren. Kurz aufkochen lassen, dann von der Herdplatte nehmen. Die tranchierte Ente mit der Orangensauce servieren.

Pro Person 785 kcal /3291 kJ
12 g KH   79 g E   42 g F

Fleisch aus dem Römertopf®

SCHWEIN

Schweinelende mit Sauerkraut

1 Schweinelende (ca. 800 g)
1 Knoblauchzehe
1 TL Paprikapulver, edelsüß
Salz, Pfeffer aus der Mühle
250 g durchwachsener Speck, in dünnen Scheiben
1 große Zwiebel
1 EL Butter · 1 TL Kümmel
500 g Sauerkraut
250 ml trockener Weißwein
Petersilienzweige zum Garnieren

1. Die Schweinelende waschen und gut trockentupfen. Den Knoblauch schälen, durchpressen und mit dem Paprikapulver und etwas Salz und Pfeffer vermischen. Das Schweinefleisch rundum damit bestreichen. Die Speckscheiben mit einem Messerrücken flachstreichen, vollständig um das Schweinefleisch wickeln und mit Küchengarn festbinden.

2. Die Zwiebel schälen und fein würfeln. Die Butter in einem kleinen Topf schmelzen und die Zwiebel sowie den Kümmel darin 5 Minuten bei mittlerer Hitze andünsten. Das Sauerkraut ausdrücken und in den gewässerten Römertopf® geben. Die Zwiebel unterheben und den Wein darüber gießen. Das Schweinefleisch darauf legen, den Topf zudecken und in den kalten Backofen stellen. Den Ofen auf 220 °C (Gas Stufe 4; Umluft 200 °C) aufheizen und das Gericht 50 Minuten garen. Den Deckel abnehmen und offen weitere 15 Minuten garen. Das Küchengarn entfernen und das Fleisch in Scheiben schneiden. Das Fleisch auf dem Sauerkraut anrichten und mit Petersilie garnieren.

Pro Person 743 kcal / 3110 kJ
2 g KH   49 g E   55 g F

Schweinekoteletts mit Kürbis

1 große Zwiebel · 1 kg gelber Gartenkürbis
1 EL Öl · 1 TL Zimtpulver
geriebene Muskatnuß · Salz, Pfeffer aus der Mühle
4 kleine Rosmarinzweige · 4 Schweinekoteletts
abgeriebene Schale und Saft von 1 unbehandelten Orange
1 kleine Orange

1. Die Zwiebel schälen und in schmale Spalten schneiden. Den Kürbis vierteln, entkernen und würfeln. Das Öl in einer großen Pfanne erhitzen. Die Zwiebeln darin in etwa 2 Minuten glasig dünsten, dann das Kürbisfleisch zufügen und die Mischung in den gewässerten Römertopf® geben. Mit dem Zimt, wenig Muskatnuß, Salz und Pfeffer bestreuen.
2. Die Rosmarinzweige waschen und trockenschütteln. Die Koteletts waschen, gut trockentupfen und auf das Kürbisgemüse legen. Die Rosmarinzweige dazwischenstecken. Das Fleisch salzen, pfeffern und die Orangenschale und den Orangensaft darauf verteilen.
3. Den Römertopf® zugedeckt in den kalten Backofen stellen. Den Ofen auf 230 °C (Gas Stufe 4–5; Umluft 210 °C) aufheizen und die Koteletts darin 1 Stunde schmoren. Das Fleisch mit der Garflüssigkeit beträufeln und ohne Deckel weitere 5 bis 10 Minuten garen. Die Orange so schälen, daß auch die weiße Haut entfernt wird. Die Frucht in Scheiben schneiden und das Gericht damit garnieren. Zu dem leicht würzigen Schweinefleisch mit Kürbis passen am besten Salzkartoffeln mit saurer Sahne oder Frischkäse.

Pro Person 290 kcal / 1219 kJ
12 g KH   34 g E   11 g F

Geschnetzeltes vom Schwein (Rezept Seite 102)

Geschnetzeltes vom Schwein

(siehe Foto Seite 101)

4 Schweineschnitzel à 150 g
½ TL Salz · ¼ TL Pfeffer
5 Tomaten · 250 g frische Champignons
200 g gekochter Schinken
200 g Schlagsahne · Salz, Pfeffer
½ TL Oregano · ½ TL Thymian · ½ TL Basilikum
1 EL Ketchup · 2 EL Butter
70 g geriebener Käse

1. Die Schweineschnitzel mit Salz und Pfeffer einreiben und in schmale Streifen schneiden. Die Tomaten kurz überbrühen und häuten. In Scheiben schneiden. Die Champignons putzen und halbieren.
2. Den Römertopf® nach Vorschrift wässern, danach die Hälfte des gewürfelten Schinkens hineingeben. Schichtweise Schweineschnitzelstreifen, Tomaten und Champignons nachfüllen. Als letzte Schicht den restlichen Schinken darübergeben. Die Sahne mit Salz, Pfeffer, Oregano, Thymian, Basilikum und Tomatenketchup verrühren und darübergießen. Mit Butterflöckchen besetzen und mit geriebenem Käse bestreuen. Den Topf zudecken und in den kalten Ofen stellen. Den Backofen auf 225 °C (Gas Stufe 4; Umluft 215 °C) vorheizen und in 60 Minuten garen. Dazu gemischten Salat und Rotwein servieren.

Pro Person 658 kcal / 2764 kJ
20 g KH   45 g E   38 g F

Schweinebraten

800 g Schweinebraten aus der Schulter · 2 Salbeizweige
2 Rosmarinzweige · Salz, weißer Pfeffer aus der Mühle
3 Knoblauchzehen · 2 EL Olivenöl · 2 Zwiebeln
1 Möhre · 3 Selleriestangen
250 ml italienischer Rotwein · 1 TL Speisestärke

1. Das Schweinefleisch waschen und gut trockentupfen. Die Kräuter waschen, trockenschütteln und fein hacken. Kräuter mit Salz und Knoblauch im Mörser zu einer Paste zerstoßen, dabei nach und nach das Olivenöl zufügen. Das Fleisch damit rundherum einreiben, dann in Folie wickeln und etwa 1 Stunde in den Kühlschank legen.
2. Die Zwiebeln schälen und hacken, die Möhre schälen und würfeln, den Stangensellerie putzen und in Scheiben schneiden. Das Gemüse in den gewässerten Römertopf® legen.
3. Das Fleisch in einer beschichteten Pfanne rundherum kräftig anbraten und auf das Gemüse geben. Den Wein angießen. Römertopf® zugedeckt in den kalten Backofen stellen. Ofen auf 200 °C (Gas Stufe 3; Umluft 180 °C) aufheizen und das Fleisch etwa 3 Stunden braten. Herausnehmen und in Alufolie wickeln.
4. Den Bratensaft durch ein Sieb in einen Topf gießen. Die Speisestärke mit etwas Wasser anrühren. Mit etwas Bratensaft verrühren, dann unter den restlichen Bratensaft rühren und kurz aufkochen. Den Braten in dünne Scheiben schneiden und mit der Sauce servieren. Knoblauchbrot und Fenchelgemüse passen besonders gut dazu.

Pro Person 471 kcal / 1969 kJ
5 g KH   41 g E   28 g F

Kotelettbraten mit Rotkohl

¹/₂ Bund Thymian
2 Knoblauchzehen
1,5 kg Schweinekotelett am Stück
1 Msp gemahlener Piment
Salz, Pfeffer aus der Mühle
1 Zwiebel · 1 Möhre
1 kleiner Rotkohl (ca. 800 g)
2 Äpfel · 1 EL Öl
2 Lorbeerblätter
2 EL brauner Zucker
2 EL Weinessig
250 ml Rotwein
2 TL Speisestärke

1. Den Thymian waschen, trockenschütteln und die Blättchen abzupfen. Den Knoblauch schälen und durchpressen. Das Fleisch waschen, gut trockentupfen und von allen Seiten mit Thymian, Piment, Salz, Pfeffer und Knoblauch einreiben. Die Zwiebel schälen und fein würfeln. Die Möhre schälen und reiben. Den Rotkohl waschen, putzen und in feine Streifen schneiden. Die Äpfel waschen, trockenreiben, schälen, achteln und das Kerngehäuse entfernen.
2. Das Öl in einer großen Pfanne erhitzen und das Fleisch von allen Seiten rundum kräftig anbraten, bis es eine schöne Kruste hat. Die Zwiebel, die Möhren, den Kohl und die Äpfel im gewässerten Römertopf® vermischen und die Lorbeerblätter dazugeben. Salzen und pfeffern, dann den Zucker, den Essig und den Wein zugeben.
3. Das Fleisch auf den Kohl legen und den Bratensatz dazuge-

ben. Den Topf zudecken und in den kalten Backofen stellen. Den Ofen auf 220 °C (Gas Stufe 4; Umluft 200 °C) aufheizen und das Fleisch 2 Stunden garen.
4. Die Stärke mit etwas Wasser anrühren. Etwas Bratenflüssigkeit unterrühren, dann die Mischung unter das Gemüse und die Garflüssigkeit um das Fleisch herum einrühren. Zugedeckt 15 Minuten garen, dann den Deckel entfernen und alles weitere 15 Minuten garen. Das Fleisch in dicke Scheiben schneiden und mit dem Kohl anrichten. Dazu paßt am besten feines Kartoffelpüree.

Pro Person 668 kcal / 2798 kJ
23 g KH   84 g E   22 g F

Fleischtopf
mit scharfer Tomatensauce

500 g mageres Schweinefleisch ohne Knochen
3 EL Weizenmehl
Salz, Pfeffer aus der Mühle
4 EL Olivenöl
4 große Kartoffeln
2 Zwiebeln
4 Salbeiblätter
250 ml halbtrockener Weißwein
250 g Tomaten
1 grüne Chilischote
1 Knoblauchzehe
1 EL Zucker
1 EL Limetten- oder Zitronensaft
1 EL Sesamsamen
4 EL gehackte Petersilie
125 g Schlagsahne

1. Das Fleisch waschen, trockentupfen und in Würfel schneiden. Die Fleischwürfel in 2 EL Mehl wenden, reichlich salzen und pfeffern. Die Hälfte des Öls in einer Pfanne erhitzen und das Fleisch darin rundum kräftig anbraten, danach in den gewässerten Römertopf® legen. Die Kartoffeln waschen, schälen und in kleine Würfel schneiden.
2. Die Zwiebeln schälen, und die Hälfte davon mit dem Salbei in der Pfanne bei mittlerer Hitze andünsten, dann das restliche Mehl und den Weißwein unterrühren. Die Sauce über das Fleisch gießen und die Kartoffeln unterheben. Den Rö-

mertopf® zugedeckt in den kalten Backofen stellen. Den Ofen auf 220 °C (Gas Stufe 4; Umluft 200 °C) aufheizen und das Gericht 1 $^1/_2$ Stunden garen.
3. Die Tomaten überbrühen, häuten und würfeln. Die Chilischote vom Stielansatz und den Kernen befreien und fein hacken. Den Knoblauch schälen und durchpressen. Die restlichen Zwiebelwürfel und das restliche Öl mit den Tomaten, der Chilischote, dem Knoblauch, dem Zucker, dem Limetten- oder Zitronensaft, etwas Salz und Pfeffer verrühren. Die Sesamsamen in einem kleinen Topf ohne Fett rösten, bis sie leicht gebräunt sind und duften. Den Topf dabei ständig hin- und herbewegen. Die Sesamsamen unter die Tomatensauce rühren. Mindestens 1 Stunde ruhen lassen.
4. Das Fleisch abschmecken und die Petersilie sowie die Sahne unterrühren. Sofort mit der Sauce servieren.

Pro Person 549 kcal / 2302 kJ
28 g KH   31 g E   30 g F

Mariniertes Schweinefleisch »Jamaica«

750 g mageres Schweinefleisch ohne Knochen
2 Knoblauchzehen
1 EL gemahlener Koriander
1 TL Paprikapulver, rosenscharf
1 Msp gemahlene Nelken
1 TL gemahlene Muskatblüte
Salz, Pfeffer aus der Mühle
2 EL Sonnenblumenöl
abgeriebene Schale und Saft von 1 unbehandelten Limette
250 ml ungesüßte Kokosmilch
2 Kochbananen oder große, unreife Bananen
1 Bund Koriander
1 Limette in Spalten

1. Das Fleisch waschen, trockentupfen und in Würfel schneiden. Fleischwürfel in eine Schüssel legen. Die Knoblauchzehen schälen und durchpressen, mit dem Koriander, Paprikapulver, den Nelken, der Muskatblüte, etwas Salz, Pfeffer, dem Öl, der Limettenschale und dem -saft verrühren und über das Fleisch geben. Fleisch abgedeckt 24 Stunden kühl stellen und ziehen lassen.
2. Die Mischung in den gewässerten Römertopf® geben. Die Kokosmilch zufügen und gut verrühren. Den Topf zugedeckt in den kalten Backofen stellen. Den Ofen auf 230 °C (Gas Stufe 4–5; Umluft 210 °C) aufheizen und das Gericht 45 Minuten garen.
3. Die Bananen schälen, in Scheiben schneiden und vorsichtig unterheben. Zugedeckt weitere 20 Minuten garen.

Zum Schluß das Gericht ohne Deckel weitere 10 Minuten garen.
4. Den Koriander waschen, trockenschütteln und hacken. Das Fleisch damit bestreuen und sofort mit den Limettenspalten servieren.

Pro Person 409 kcal / 1710 kJ
20 g KH   41 g E   18 g F

Spareribs

2 kg Spareribs
8 Möhren
1 Zwiebel
2 EL flüssiger Honig
Saft von 1 Zitrone
1 EL Currypulver
Salz, Pfeffer aus der Mühle

1. Die Spareribs in den gewässerten Römertopf® legen. Die Möhren schälen und in grobe Stifte schneiden. Die Zwiebel schälen und fein hacken. Möhrenstifte und Zwiebel über den Spareribs verteilen. Den Honig, den Zitronensaft, das Currypulver und reichlich Salz und Pfeffer vermischen und die Spareribs damit beträufeln. Den Römertopf® zugedeckt in den kalten Backofen stellen. Den Ofen auf 240 °C (Gas Stufe 5; Umluft 220 °C) aufheizen und die Spareribs 1 Stunde garen.
2. Die Möhren auf eine Servierplatte legen und warm halten. Die Spareribs wenden, mit der Garflüssigkeit beträufeln und ohne Deckel weitere 20 Minuten garen, bis sie gut gebräunt sind. Sofort servieren.

Pro Person 806 kcal / 3372 kJ
19 g KH   88 g E   42 g F

Kotelettbraten

(siehe Foto Seite 115)

---

1 kg Kotelettbraten am Stück

1 TL grob gemahlener Pfeffer

abgeriebene Schale von 1 unbehandelten Orange

½ TL Salz · 1 EL weiche Butter

1 Bund Möhren · 6 Schalotten

4 Frühlingszwiebeln

1 Bouquet garni aus Petersilie und Oregano

200 ml Geflügelfond

---

1. Den Braten waschen und gut trockentupfen. Den Pfeffer, die Orangenschale, das Salz und die Butter vermischen und damit das Fleisch rundherum einreiben. Den Römertopf® wässern und den Braten hineinlegen.
2. Die Möhren putzen, waschen, schälen und in mundgerechte Stücke schneiden. Die Schalotten schälen und achteln, die Frühlingszwiebeln putzen, waschen und in 1 cm breite Ringe schneiden. Das Gemüse um das Fleisch legen und den Geflügelfond angießen.
3. Den Römertopf® zugedeckt in den kalten Backofen stellen. Den Backofen auf 200 °C (Gas Stufe 3; Umluft 180 °C) aufheizen und das Fleisch etwa 2½ Stunden braten. Zum Schluß den Deckel abnehmen und den Braten noch ca. 15 Minuten bräunen. Dazu schmecken Bratkartoffeln oder Schupfnudeln.

Pro Person 432 kcal / 1815 kJ
4 g KH   40 g E   17 g F

Fleischbällchen mit Zwiebeln

125 g Champignons
1 Knoblauchzehe
500 g kleine Zwiebeln
500 g gemischtes Hackfleisch
60 g Paniermehl
4 EL Erdnußbutter
2 EL gehackte Petersilie
1 TL getrockneter Majoran
Salz, Pfeffer aus der Mühle
1 Ei · 2 EL Öl
250 ml trockener Weißwein
1 EL Worcestershiresauce
2 EL Tomatenketchup
1 Lorbeerblatt
1 EL brauner Rohrzucker
frische Kräuter zum Garnieren

1. Die Pilze putzen, mit Küchenpapier abreiben und fein würfeln. Den Knoblauch schälen und durchpressen. Die Zwiebeln schälen. Das Fleisch, das Paniermehl, die Pilze, die Erdnußbutter, die Petersilie, den Majoran, den Knoblauch, etwas Salz und Pfeffer in eine Schüssel geben und gut vermischen. Das Ei verquirlen und unterkneten.
2. Mit feuchten Händen aus der Fleischmischung kleine Bällchen formen, die etwas größer als die Zwiebeln sein sollten. Das Öl in einer Pfanne erhitzen und die Fleischbällchen darin rundum kräftig anbraten, dann in den gewässerten

Römertopf® legen. Die Zwiebeln im Bratensatz in der Pfanne leicht braun anbraten. Mit dem Wein ablöschen, zudecken und ca. 10 Minuten dünsten. Mit dem Wein zu den Fleischbällchen in den Römertopf® geben.
3. Worcestershiresauce und Ketchup verrühren und mit dem Lorbeerblatt zum Fleisch geben. Etwas Salz und Pfeffer sowie den Zucker darüber streuen. Römertopf® zugedeckt in den kalten Backofen stellen. Den Ofen auf 220 °C (Gas Stufe 4; Umluft 200 °C) aufheizen und das Gericht 40 Minuten garen. Gut verrühren und ohne Deckel weitere 20 Minuten garen. Mit Kräutern garnieren. Dazu Reis und einen knackigen Salat servieren.

Pro Person 649 kcal /2717 kJ
26 g KH   34 g E   40 g F

Glasierter Schinken

Für 6 Personen
1 Zwiebel · 1 Möhre · 1,5 kg Vorderschinken am Stück
4 EL Orangenmarmelade
4 EL Senf · 2 EL brauner Zucker
1 EL Sherry · 1 EL Nelken · 12 getrocknete Feigen
12 getrocknete Aprikosen, entsteint
125 ml Rotwein

1. Zwiebel schälen und vierteln. Möhre putzen, schälen und in Scheiben schneiden. Den Vorderschinken zusammen mit den Zwiebelvierteln und den Möhrenscheiben in einen großen Topf geben und mit kaltem Wasser bedecken. Aufkochen lassen und den Schaum von der Oberfläche abschöpfen. Zudecken und bei mittlerer Hitze 1 Stunde kochen lassen.
2. Abgießen, die Schwarte abschneiden und die Fettschicht kreuzweise diagonal einschneiden. Die Marmelade in einem kleinen Topf erwärmen, Senf, Zucker und Sherry unterrühren. Den Schinken damit bestreichen und mit Nelken spicken.
3. Den Schinken in den gewässerten Römertopf® legen. Die Feigen und die Aprikosen rundum verteilen und den Wein über die Früchte gießen. Römertopf® zugedeckt in den kalten Backofen stellen. Den Ofen auf 220 °C (Gas Stufe 4; Umluft 200 °C) aufheizen und das Gericht 1 Stunde garen. Dabei ab und zu mit der Kochflüssigkeit beträufeln. Die Feigen und Aprikosen als Beilage zum Schinken reichen.

Pro Person 851 kcal / 3559 kJ
66 g KH   85 g E   23 g F

Kotelettbraten (Rezept Seite 111)

KALB

Ossobuco

1 kg Kalbshachse in Scheiben
3 EL Weizenmehl
Salz, Pfeffer aus der Mühle
2 EL Öl
1 Zwiebel
2 Knoblauchzehen
3 Selleriestangen
3 Möhren
1 Lorbeerblatt
1 TL getrockneter Thymian
1 TL getrockneter Rosmarin
250 ml Rotwein
250 ml Gemüsebrühe
500 g Tomaten
1 Bund Petersilie
abgeriebene Schale von 1 unbehandelten Zitrone

1. Die Fleischscheiben waschen und gut trockentupfen. Rundherum mit Mehl bestäuben, salzen und pfeffern. Das Öl in einer Pfanne erhitzen, die Scheiben darin rundum kräftig anbraten und in den gewässerten Römertopf® legen.
2. Die Zwiebel und 1 Knoblauchzehe schälen und fein würfeln. Stangensellerie putzen, waschen und fein hacken. Möhren schälen und fein würfeln. Das Gemüse mit dem Lorbeerblatt und den Kräutern in der Pfanne ca. 5 Minuten

dünsten, dann den Wein und die Brühe angießen. Gut verrühren und über das Fleisch in den Römertopf® geben.
3. Die Tomaten waschen, mit kochendem Wasser überbrühen, häuten, würfeln und zufügen. Den Römertopf® zugedeckt in den kalten Backofen stellen. Den Ofen auf 200 °C (Gas Stufe 3; Umluft 180 °C) aufheizen und das Gericht 2 $^1/_2$ Stunden garen.
4. Die restliche Knoblauchzehe schälen und durchpressen. Die Petersilie waschen, trockenschütteln und hacken. Knoblauch, Petersilie und Zitronenschale vermischen. Den Ossobuco mit Salz und Pfeffer abschmecken und vor dem Servieren mit der Petersilienmischung bestreuen.

Pro Person 486 kcal / 2029 kJ
14 g KH   55 g E   19 g F

Kalbsrollbraten

750 g Kalbfleisch aus Schulter oder Hüfte (vom Metzger für einen Rollbraten zugeschnitten)
Salz, Pfeffer aus der Mühle
1 EL Zitronensaft
1 Bund Petersilie · ½ Bund Thymian
1 Zwiebel
250 g Wurstbrät
1 Ei
6 EL Paniermehl
abgeriebene Schale von ½ unbehandelten Zitrone
250 ml trockener Weißwein
350 g Schlagsahne

1. Das Fleisch waschen und gut trockentupfen. Rundherum salzen, pfeffern und mit Zitronensaft beträufeln. Die Kräuter waschen, trockenschütteln und hacken. Die Zwiebel schälen und fein würfeln. Das Wurstbrät mit dem Ei, der Zwiebel, dem Paniermehl, den Kräutern und der Zitronenschale vermischen. Die Füllung salzen und pfeffern.
2. Die Füllung auf dem Fleisch verteilen. Das Fleisch aufrollen und mit Küchengarn wie ein Päckchen verschnüren. Den Braten in den gewässerten Römertopf® legen und mit dem Wein übergießen.
3. Den Topf zudecken und in den kalten Backofen stellen. Den Ofen auf 200 °C (Gas Stufe 3; Umluft 180 °C) aufheizen und den Braten 2 Stunden garen. Das Fleisch gelegentlich mit der Garflüssigkeit beträufeln. Den Deckel abnehmen und den Kalbsbraten weitere 15 Minuten garen, um das Fleisch zu bräunen.

4. Die Garflüssigkeit durch ein Sieb in einen Topf passieren und die Sahne unterrühren. Leicht köcheln, jedoch nicht aufkochen lassen. Den Rollbraten in Scheiben schneiden und die Sauce dazu servieren.

Pro Person 753 kcal / 3153 kJ
16 g KH   53 g E   48 g F

Involtini mit Champignons und Artischocken

4 dünne Kalbsschnitzel
Salz
Pfeffer aus der Mühle
4 Scheiben gekochter Schinken
1 Dose Champignons (à 425 g)
4 eingelegte Artischockenherzen
6 Basilikumzweige
200 g Mozzarella
2 EL Olivenöl
4 Tomaten

1. Die Kalbsschnitzel zwischen zwei Lagen Klarsichtfolie mit einem Nudelholz dünn ausrollen. Die Schnitzel auf die Arbeitsfläche legen, mit wenig Salz und Pfeffer würzen und mit je einer Scheibe Schinken belegen.
2. Die Champignons gut abtropfen lassen und auf den Schinkenscheiben verteilen. Jede Artischocke vierteln und auf die Champignons geben. Basilikum waschen, trockenschütteln und die Blättchen von vier Zweigen abzupfen. Mozzarella grob raspeln und mit den Basilikumblättchen auf die Champignons streuen. Die Kalbsschnitzel vorsichtig aufrollen und mit Holzspießchen feststecken.
3. Das Olivenöl in den gewässerten Römertopf® träufeln und die Involtini hineinlegen.
4. Die Tomaten überbrühen, häuten und würfeln. Die Tomatenwürfel um die Involtini verteilen. Restliche Basilikumblättchen darüberstreuen. Mit Salz und Pfeffer würzen. Den

Römertopf® zugedeckt in den kalten Backofen stellen. Den Ofen auf 200 °C (Gas Stufe 3; Umluft 180 °C) aufheizen und die Involtini 70 Minuten garen. Dazu Reis oder Polenta servieren.

Pro Person 368 kcal / 1543 kJ
3 g KH   43 g E   21 g F

RIND

Mariniertes Rindfleisch mit Süßkartoffeln

500 g Rindfleisch
1 grüne Chilischote
2 Knoblauchzehen
1 Msp gemahlener Piment
$^1/_2$ TL gemahlener Ingwer
4 EL Rosinen
Saft von $^1/_2$ Zitrone
2 EL Mango-Chutney
2 große Zwiebeln
Salz, Pfeffer aus der Mühle
750 g Süßkartoffeln
1 feste Mango
1 Eisbergsalat

1. Das Fleisch waschen, gut trockentupfen und in Würfel schneiden. Die Fleischwürfel in eine Schüssel geben. Die Chilischote waschen, trockenreiben, von Stielansatz und Kernen befreien und hacken. Den Knoblauch schälen und durchpressen. Chilischote, Knoblauch, Piment, Ingwer, Rosinen, den Zitronensaft und das Mango-Chutney zum Fleisch geben. Die Zwiebeln schälen, fein würfeln und ebenfalls zufügen. Salzen, pfeffern, gut verrühren und mindestens 1 Stunde marinieren, besser noch über Nacht im Kühlschrank durchziehen lassen.

2. Fleisch mit der Marinade und 250 ml Wasser in den gewässerten Römertopf® geben. Den Topf zugedeckt in den kalten Backofen stellen. Den Ofen auf 220 °C (Gas Stufe 4; Umluft 200 °C) aufheizen und das Fleisch 30 Minuten garen.
3. Die Süßkartoffeln schälen, würfeln und dazugeben. Alles zugedeckt weitere 30 Minuten garen. Die Mango schälen, den Stein entfernen und das Fruchtfleisch würfeln. In den Römertopf® geben und alles zugedeckt nochmals 30 Minuten garen. Die Mischung sollte saftig, aber nicht wäßrig sein. Wenn sie zu trocken ist, wenig heißes Wasser nachgießen. Eisbergsalat in einzelne Blätter zerteilen, waschen, trockenschleudern und mit dem Rindfleisch servieren. Das Fleisch auf Salatblätter geben und diese zum Essen aufrollen.

Pro Person 480 kcal / 2010 kJ
71 g KH   31 g E   7 g F

Gewürzter Rinderschmortopf mit Zwiebeln

1 kg Rindergulasch
2 EL gemahlener Koriander
2 TL Chili-con-Carne-Gewürz
Salz, Pfeffer aus der Mühle
500 g Zwiebeln
4 Knoblauchzehen
1 pflaumengroßes Stück frische Ingwerwurzel
4 EL Öl
250 g Joghurt
1 Zimtstange · 4 Nelken
1 Bund Koriander oder Petersilie
Zitronenspalten zum Garnieren

1. Das Fleisch in eine Schüssel geben. Den Koriander und das Chili-con-Carne-Gewürz dazugeben und das Fleisch salzen und pfeffern. Das Fleisch in den Gewürzen wenden und beiseite stellen. Die Zwiebeln schälen und achteln. Den Knoblauch schälen und durchpressen. Den Ingwer schälen und reiben. Die Hälfte des Öls in einer Pfanne erhitzen und zwei Drittel der Zwiebeln darin bei mittlerer Hitze goldbraun anbraten.
2. Das restliche Öl und die restlichen Zwiebeln mit dem Joghurt, dem Knoblauch und dem Ingwer pürieren. Die Paste über das Fleisch geben, dann die Zimtstange und die Nelken dazugeben und alles gut vermischen.
3. Einige der gebräunten Zwiebeln zum Garnieren beiseite stellen. Den Rest der Zwiebeln und die Fleischmischung in den gewässerten Römertopf® legen. Zudecken und in den

kalten Backofen stellen. Den Ofen auf 200 °C (Gas Stufe 3; Umluft 180 °C) aufheizen und das Fleisch 2$^1/_2$ Stunden schmoren. Abschmecken und ohne Deckel weitere 10 Minuten garen.
4. Koriander waschen, trockenschütteln und grob hacken. Den Rinderschmortopf mit den restlichen gebräunten Zwiebeln und dem Koriander garnieren. Die Zitronenachtel dazu reichen.

Pro Person 529 kcal / 2215 kJ
12 g KH   55 g E   29 g F

Rinderbrust mit Weißkohl

Für 6 Personen
1 große Zwiebel · 2 kg Rinderbrust
Salz, Pfeffer aus der Mühle · 10 schwarze Pfefferkörner
10 Wacholderbeeren · 2 Thymianzweige
250 ml Rotwein · 4 Petersilienzweige
4 Lorbeerblätter · 1 kleiner Weißkohl
6 Möhren · 6 große Kartoffeln

1. Die Zwiebel schälen und in Scheiben schneiden. Die Scheiben in Ringe teilen und auf dem Boden des gewässerten Römertopfes® verteilen. Das Fleisch waschen und gut trockentupfen. Auf die Zwiebelringe in den Topf legen, salzen und pfeffern. Pfefferkörner, Wacholderbeeren und Thymianzweige zufügen und den Wein und 125 ml Wasser darüber gießen. Die Petersilie waschen und zusammen mit den Lorbeerblättern zum Fleisch geben.
2. Den Römertopf® zugedeckt in den kalten Backofen stellen. Den Ofen auf 230 °C (Gas Stufe 4–5; Umluft 210 °C) aufheizen und das Gericht 1 $^1/_2$ Stunden garen.
3. Die Kohlblätter vom Strunk lösen, waschen und in mundgerechte Stücke schneiden. Die Möhren waschen, schälen und in Scheiben schneiden. Die Kartoffeln schälen und halbieren. Das Gemüse in den Topf legen und 125 ml heißes Wasser dazugeben. Zugedeckt nochmals 1 Stunde garen. Das Fleisch in dicke Scheiben schneiden und mit dem Gemüse auf eine Servierplatte legen. Den Bratensaft getrennt reichen. Dazu schmeckt Salsa verde (siehe Rezept S. 200).

Pro Person 1002 kcal / 4191 kJ
20 g KH   61 g E   73 g F

Röstbraten

1,5 kg Rinderlende
Salz, Pfeffer aus der Mühle
2 große Zwiebeln
4 Möhren · 2 Pastinaken
$^1/_2$ TL gemahlene Muskatblüte
1 Bouquet garni
4 Scheiben durchwachsener Speck
50 ml dunkles Bier
6 große Kartoffeln

1. Das Fleisch zu einer gleichmäßigen Rolle aufrollen und rundherum salzen und pfeffern. Die Zwiebeln schälen und grob hacken. Die Möhren und die Pastinaken schälen und in Scheiben schneiden. Das Gemüse in den gewässerten Römertopf® geben, mit Muskatblüte bestreuen und das Bouquet garni zufügen.
2. Das Fleisch auf das Gemüse legen und mit den Speckscheiben bedecken. Zuerst das Bier, dann 250 ml Wasser über das Fleisch gießen. Den Römertopf® zudecken und in den kalten Backofen stellen. Den Ofen auf 230 °C (Gas Stufe 4–5; Umluft 210 °C) aufheizen und das Gericht 1 $^1/_2$ Stunden garen.
3. Das Fleisch mit dem Bratensaft beträufeln. Die Kartoffeln gründlich waschen, vierteln und um das Fleisch herum verteilen. Alles ohne Deckel weitere 45 Minuten garen, bis die Kartoffeln weich sind und das Fleisch gar ist. Das Fleisch mit dem Gemüse auf eine Servierplatte legen. Den Bratensaft getrennt dazu reichen.

Pro Person 816 kcal / 3423 kJ
23 g KH   85 g E   42 g F

Rinderschmorbraten mit Champignons

Für 6 Personen
2 EL Weizenmehl
10 zerdrückte Wacholderbeeren
1 TL gehackter Rosmarin
1 TL gehackter Thymian
1 TL geriebene Muskatnuß
Salz, Pfeffer aus der Mühle
2 TL Apfelessig
2 EL brauner Zucker
1,5 kg Rinderschmorbraten
125 ml Rotwein
125 ml Rinderfond
1 kg Zwiebeln
500 g kleine Champignons

1. Das Mehl, die Wacholderbeeren, den Rosmarin, den Thymian, die Muskatnuß und reichlich Salz und Pfeffer vermischen. Den Apfelessig und den braunen Zucker unterrühren. Das Fleisch waschen und gut trockentupfen. Auf allen Seiten mit der Würzmischung bestreichen und in den gewässerten Römertopf® legen.
2. Zuerst den Rotwein, dann den Rinderfond angießen. Die Zwiebeln schälen, grob würfeln und um das Fleisch herum verteilen. Den Topf zugedeckt in den kalten Backofen stellen. Den Ofen auf 230 °C (Gas Stufe 4–5; Umluft 210 °C) aufheizen und den Braten 2 Stunden garen.
3. Die Champignons putzen. Das Fleisch mit dem Braten-

saft beträufeln, die Pilze dazugeben und alles zugedeckt nochmals 1 Stunde garen. Dabei das Fleisch zwei- oder dreimal mit dem Bratensaft beträufeln. Den Deckel entfernen und das Fleisch weitere 15 Minuten garen, um den Braten an der Oberseite zu bräunen. Dazu Salzkartoffeln, Kartoffelpüree, Reis oder Nudeln reichen.

Pro Person 463 kcal / 1937 kJ
26 g KH   55 g E   14 g F

Sauerbraten

1 Zwiebel · 10 Nelken
1 Bouquet garni
2 Lorbeerblätter
4 Wacholderbeeren
6 Pfefferkörner
3 Knoblauchzehen
Salz
250 ml Rotweinessig
2 kg Rindfleisch
4 Scheiben durchwachsener Speck
60 g Butter
250 ml Rotwein
3 EL brauner Zucker
2 EL Rosinen
2 EL Weizenmehl

1. Zwiebel schälen und in Scheiben schneiden. Die Nelken, das Bouquet garni, die Lorbeerblätter, die zerdrückten Wacholderbeeren, die zerstoßenen Pfefferkörner, den durchgepreßten Knoblauch, die Zwiebelscheiben und 1 Prise Salz in einen Topf geben. Den Essig und 250 ml Wasser dazugeben und aufkochen. Zum Abkühlen beiseite stellen. Das Fleisch waschen, gut trockentupfen und in eine große Schüssel geben. Den Essigsud darüber gießen. Zudecken und 2 Tage im Kühlschrank ziehen lassen, dabei das Fleisch ab und zu wenden.
2. Das Fleisch herausnehmen und die Marinade beiseite stellen. Den Speck in Würfel schneiden. Die Hälfte der Butter

in einer Pfanne erhitzen. Den Speck und das Fleisch darin rundum kräftig anbraten.
3. Das Fleisch und den Speck in den gewässerten Römertopf® geben. Die Marinade in einem Topf bei starker Hitze auf die Hälfte einkochen lassen. Abkühlen lassen und durch ein Sieb über das Fleisch gießen. Den Wein, den Zucker und die Rosinen dazugeben.
4. Den Römertopf® zudecken und in den kalten Backofen stellen. Den Ofen auf 230 °C (Gas Stufe 4–5; Umluft 210 °C) aufheizen und den Braten 2 $^1/_2$ Stunden garen. Die restliche Butter und das Mehl verkneten. Den Bratensaft in einen Topf geben und die Mehlbutter dazugeben. Unter Rühren 3 Minuten einkochen lassen. Das Fleisch in Scheiben schneiden, auf einer Servierplatte anrichten und mit der Sauce überziehen.

Pro Person 746 kcal / 3126 kJ
17 g KH   71 g E   41 g F

Burgunderbraten

1 kg Rindfleisch zum Schmoren
1 Bouquet garni
2 Knoblauchzehen
Salz, Pfeffer aus der Mühle
1 Flasche roter Burgunder
50 g Speck
40 g Butter
1 TL Öl
375 g eingelegte Zwiebeln
4 EL Weinbrand
250 g Champignons
3 EL Weizenmehl
3 EL gehackte Petersilie
Kräuterzweige und Croûtons zum Garnieren

1. Das Fleisch waschen, gut trockentupfen und in Würfel schneiden. Fleischwürfel in eine Schüssel geben. Das Bouquet garni, den durchgepreßten Knoblauch, etwas Salz und Pfeffer dazugeben und den Wein darüber gießen. Zugedeckt 24 Stunden an einem kühlen Ort ziehen lassen.
2. Das Fleisch herausnehmen und die Marinade beiseite stellen. Den Speck in Würfel schneiden. Die Hälfte der Butter und das Öl in einer Pfanne erhitzen. Den Speck und die abgetropften Zwiebeln darin bei mittlerer Hitze etwa 5 Minuten anbraten, dann in den gewässerten Römertopf geben. Das Fleisch im Bratfett rundum kräftig anbraten, den Weinbrand darüber gießen und flambieren. Das Fleisch in den Römertopf® geben und mit der Marinade übergießen.

3. Den Topf zudecken und in den kalten Backofen stellen. Den Ofen auf 230 °C (Gas Stufe 4–5; Umluft 210 °C) aufheizen und das Fleisch 2 Stunden garen.
4. Die Champignons putzen. Die restliche Butter und das Mehl verkneten und nach und nach unter das Fleisch rühren. Dann die Pilze zufügen. Zugedeckt weitere 30 Minuten garen. Mit Salz und Pfeffer abschmecken und mit der gehackten Petersilie und den Croûtons (siehe Rezept S. 194) garniert servieren. Dazu Nudeln und einen knackigen grünen Salat reichen.

Pro Person 737 kcal / 3087 kJ
21 g KH   55 g E   33 g F

LAMM

Lammfilets mit Äpfeln

1 Zwiebel
2 Äpfel
2 EL Öl
1 Lorbeerblatt
Salz, Pfeffer aus der Mühle
250 ml halbtrockener Cidre
4 Minzezweige
8 dicke Lammedaillons
4 EL Calvados oder Weinbrand
1 kleiner Romana-Salat
Minzezweige zum Garnieren

1. Die Zwiebel schälen und fein würfeln. Die Äpfel schälen und das Kerngehäuse ausstechen. Die Äpfel in Scheiben schneiden.
2. Die Hälfte des Öls in einer Pfanne erhitzen. Die Zwiebel darin 5 Minuten glasig dünsten, dann die Apfelscheiben und das Lorbeerblatt dazugeben. Die Mischung salzen, pfeffern und in den gewässerten Römertopf® geben. Den Cidre unterrühren und die Minzezweige darauf legen.
3. Die Lammedaillons waschen und gut trockentupfen. Das restliche Öl in der Pfanne erhitzen und die Medaillons darin rundum kräftig anbraten. Den Calvados oder Weinbrand über das Lamm gießen und flambieren. Die Medaillons auf die Apfel-Zwiebel-Mischung in den Römertopf® legen,

salzen und pfeffern. Zudecken und in den kalten Backofen stellen. Den Ofen auf 220 °C (Gas Stufe 4; Umluft 200 °C) aufheizen und das Gericht 40 Minuten garen.
4. Den Romana-Salat putzen, waschen, trockenschleudern und die Blätter in Streifen schneiden. Den Deckel vom Römertopf® abnehmen, den Salat dazugeben und alles weitere 10 Minuten garen. Mit Minze garnieren und servieren.

Pro Person 385 kcal / 1610 kJ
11 g KH   42 g E   13 g F

Irish Stew

---
2 große Zwiebeln · 4 Möhren · 4 Kartoffeln
---
800 g Lammnacken

Salz, Pfeffer aus der Mühle
---
2 Lorbeerblätter · 6 Petersilienzweige
---
6 Thymianzweige · 4 kleine Rosmarinzweige
---
500 ml Lammfond · 1 EL Butter
---

1. Zwiebeln schälen und in dünne Scheiben schneiden. Möhren und Kartoffeln waschen, schälen und in Scheiben schneiden. Lammfleisch waschen, gut trockentupfen und in Würfel schneiden, dabei das Fett entfernen. Fleischwürfel in den gewässerten Römertopf® legen. Großzügig mit Salz und Pfeffer würzen. Darauf die Lorbeerblätter und die Kräuterzweige legen, darüber die Zwiebeln, Möhren und Kartoffeln, wobei jede Lage leicht gesalzen und gepfeffert wird.
2. Den Lammfond dazugießen. Den Römertopf® zugedeckt in den kalten Backofen stellen. Den Ofen auf 220 °C (Gas Stufe 4; Umluft 200 °C) aufheizen und das Gericht 2 $^1/_2$ Stunden garen. Die Kartoffellage mit zerlassener Butter bestreichen und alles ohne Deckel weitere 20 Minuten garen, bis die Oberfläche gebräunt ist. Mit in Butter gedünstetem Weißkohl servieren.

Pro Person 543 kcal / 2273 kJ
16 g KH   37 g E   37 g F

Lammkeule

Für 6 Personen

1 Lammkeule (ca. 2 kg)

6 Knoblauchzehen · 8 Rosmarinzweige

2 TL getrockneter Thymian

Salz, Pfeffer aus der Mühle · 2 EL Olivenöl

250 ml Rotwein · etwas Saucenbinder

1. Die Lammkeule waschen und gut trockentupfen. Die Knoblauchzehen schälen, längs halbieren und in Stifte schneiden. Mit einem spitzen, scharfen Messer in das Fleisch stechen und die Knoblauchstifte an der Messerklinge entlang in das Fleisch schieben. Den Rosmarin waschen und die Nadeln ebenfalls in die Einschnitte zum Knoblauch stecken.
2. Thymian und etwas Salz und Pfeffer mit dem Olivenöl vermischen und die Lammkeule damit bestreichen. Die Keule in den gewässerten Römertopf® legen, salzen und pfeffern. Römertopf® zugedeckt in den kalten Backofen stellen. Den Ofen auf 220 °C (Gas Stufe 4; Umluft 200 °C) aufheizen und das Fleisch 1 Stunde garen.
3. Den Wein in einem kleinen Topf erwärmen und über das Lamm gießen. Zugedeckt weitere 30 Minuten garen. 500 ml heißes Wasser angießen und die Keule zugedeckt weitere 40 bis 50 Minuten garen.
4. Den Bratensaft durch ein Sieb in einen Topf gießen und aufkochen lassen. Mit dem Saucenbinder ganz leicht andicken und mit Salz und Pfeffer abschmecken. Die Lammkeule in Scheiben schneiden und mit der Sauce, Gemüse der Saison und Salzkartoffeln servieren.

Pro Person 716 kcal /2993 kJ
2 g KH   62 g E   49 g F

Lamm mit Wirsing

1 Zwiebel
750 g Lammfleisch aus der Schulter oder Keule
3 EL Weizenmehl
Salz, Pfeffer aus der Mühle
2 EL Öl
250 ml Lamm- oder Hühnerfond
250 ml trockener Weißwein oder Cidre
1 Bund Petersilie
1 TL Kümmel
1 kleiner Wirsing
125 g saure Sahne

1. Die Zwiebel schälen, halbieren und in Scheiben schneiden. Das Lammfleisch waschen, gut trockentupfen und in Würfel schneiden. Die Fleischwürfel in etwas Mehl wenden und kräftig mit Salz und Pfeffer würzen.
2. Das Öl in einer Pfanne erhitzen und das Fleisch darin rundum stark anbraten. Die Zwiebel mit dem restlichen Mehl dazugeben und 2 Minuten unter Rühren mitbraten. Dann die Brühe und den Wein nach und nach dazugießen. Die Mischung in den gewässerten Römertopf® geben und den Kümmel darüberstreuen.
3. Die Petersilie waschen, trockenschütteln und hacken. Die Hälfte davon auf das Lamm streuen. Den Topf zudecken und in den kalten Backofen stellen. Den Ofen auf 220 °C (Gas Stufe 4; Umluft 200 °C) aufheizen und das Fleisch 50 Minuten garen.
4. Den Wirsing putzen, waschen und die Blätter in mundgerechte Stücke schneiden. In den Römertopf® geben und mit

dem Fleisch vermischen. Zugedeckt weitere 40 Minuten garen, bis das Lamm zart und der Kohl gar ist. Abschmecken und vorsichtig die restliche Petersilie unterheben. Die saure Sahne darauf geben. Mit Kartoffeln servieren.

Pro Person 634 kcal / 2649 kJ
12 g KH   40 g E   42 g F

Lammbraten nach Jägerart

(siehe Foto Seite 149)

10 g getrocknete Pilze
600 g ausgelöste Lammkeule
Salz · 1 EL Öl
8 Wacholderbeeren
1 Zwiebel · 1 Lorbeerblatt
0,1 l Brühe
1 gestr. EL Mehl · Knoblauchpulver
Rotwein

1. Die Pilze in wenig Wasser einweichen. Das Lammfleisch kurz abspülen, trockentupfen und mit Salz, Öl und den im Mörser zerstoßenen Wacholderbeeren einreiben. In den gewässerten Römertopf® legen, die geschälte, geachtelte Zwiebel, das Lorbeerblatt, die abgetropften Pilze und die Brühe dazugeben, den Deckel auflegen und in den kalten Backofen stellen.
2. Den Ofen auf 220 °C (Gas Stufe 3; Umluft 180 °C) aufheizen und alles gut $1\,^1/_2$ Stunden garen lassen. Den Lammbraten herausnehmen und warm stellen.
3. Die Sauce in einen kleinen Topf gießen, evtl. mit Brühe noch verlängern, mit dem angerührten Mehl binden und mit Salz, Pfeffer, Knoblauchpulver und Rotwein abschmecken. Dazu Brattomaten, grüne Bohnen mit Speck und Röstkartoffeln reichen.

Pro Person 732 kcal / 3075 kJ
6 g KH   37 g E   43 g F

Pikante Aufläufe

Brokkoli-Auflauf

600 g Brokkoli · Salz · ½ Bund Schnittlauch
125 g geriebener Käse · 3 Eier · Pfeffer aus der Mühle
350 g Schlagsahne · 4 EL Paniermehl
2 EL zerlassene Butter · Schnittlauch zum Garnieren

1. Den Brokkoli putzen, waschen und in Röschen teilen. In einem großen Topf reichlich Salzwasser zum Kochen bringen. Die Brokkoliröschen darin blanchieren, abgießen und mit kaltem Wasser abschrecken. Röschen in den gewässerten Römertopf® geben. Den Schnittlauch waschen, trockenschütteln und in Röllchen schneiden. Schnittlauchröllchen und zwei Drittel des Käses über dem Brokkoli verteilen. Die Eier mit reichlich Salz und Pfeffer verquirlen, die Sahne unterrühren und die Mischung über den Brokkoli gießen. Den Topf zudecken und in den kalten Backofen stellen. Den Ofen auf 220 °C (Gas Stufe 4; Umluft 200 °C) aufheizen und alles 30 Minuten garen, bis die Eiersahne gestockt ist.
2. Den restlichen Käse mit dem Paniermehl mischen und über dem Brokkoli verteilen. Die Butter darüber träufeln und alles ohne Deckel weitere 10 bis 15 Minuten garen, bis der Auflauf goldbraun und knusprig ist. Nach Belieben mit Schnittlauch garnieren.

Pro Person 547 kcal / 2292 kJ
14 g KH   22 g E   45 g F

Gebackene Kartoffeln

Für 6 Personen
125 g zerlassene Butter · 3 kg Kartoffeln
2 Knoblauchzehen
2 TL Rosmarin
Salz, Pfeffer aus der Mühle

Wie viele Kartoffeln Sie nehmen, hängt von der Größe des Römertopfes® ab. Dieses Rezept ist für einen mittelgroßen Topf gedacht.

1. Den gewässerten Topf mit Butter auspinseln. Die Kartoffeln waschen, schälen und in dünne Scheiben schneiden. Die Knoblauchzehen schälen und durchpressen. Mit dem Rosmarin in die restliche Butter geben.
2. Die Kartoffeln in den Topf schichten, dabei jede Lage salzen, pfeffern und mit der Knoblauch-Rosmarin-Butter beträufeln. Die restliche Butter auf die oberste Lage träufeln und die Kartoffellagen mit einem Löffel etwas festdrücken.
3. Den Topf zudecken und in den kalten Backofen stellen. Den Ofen auf 220 °C (Gas Stufe 4; Umluft 200 °C) aufheizen und das Gericht 1 $^1/_2$ bis 2 Stunden garen. Die Garzeit ist von der Menge der Kartoffeln abhängig. Den Deckel abnehmen und die Kartoffeln weitere 15 Minuten garen. Mit Hilfe eines Palettenmessers den Inhalt des Topfes auf eine große Platte stürzen. Den Kartoffelkuchen in Stücke schneiden und servieren.

Pro Person 440 kcal / 1847 kJ
60 g KH   8 g E   18 g F

Hackfleisch-Kartoffel-Auflauf

1 große Zwiebel · 1 große Möhre
125 g Pilze · 1 EL Olivenöl
je 250 g Rinder- und Schweinehackfleisch
je 1 Msp getrockneter Thymian, Oregano, Rosmarin und Basilikum
Salz, Pfeffer aus der Mühle · 2 EL Weizenmehl
400 ml Rinderbrühe · 750 g gekochte Kartoffeln
1 EL Butter in Flöckchen
Petersilienzweige zum Garnieren

1. Die Zwiebel schälen und fein hacken. Die Möhre waschen, schälen und fein würfeln. Die Pilze putzen und in Scheiben schneiden. Das Öl in einer großen Pfanne erhitzen und die Zwiebel darin glasig dünsten. Das Fleisch dazugeben und rundum braun anbraten. Die Möhren, die Pilze, die Kräuter und etwas Salz und Pfeffer dazugeben. Das Mehl und die Brühe unter ständigem Rühren zufügen. Die Fleischmischung in den gewässerten Römertopf® geben.
2. Die gekochten Kartoffeln mit einer Gabel zerdrücken und auf der Fleischmischung verteilen. Die Oberfläche mehrmals einstechen und mit Butterflöckchen bestreuen. Römertopf® zugedeckt in den kalten Backofen stellen. Den Ofen auf 230 °C (Gas Stufe 4–5; Umluft 210 °C) aufheizen und alles 30 Minuten garen. Den Deckel abnehmen und den Auflauf weitere 15 Minuten garen, bis die Oberfläche goldbraun ist. Nach Geschmack mit Petersilie garnieren. Sehr heiß servieren.

Pro Person 496 kcal / 2081 kJ
33 g KH   29 g E   27 g F

Grünkohl-Auflauf

750 g Grünkohl
2 Zwiebeln
4 große Kartoffeln
350 g geräucherter Schinken
Salz, Pfeffer aus der Mühle
2 Lorbeerblätter
250 ml Fleischbrühe
1 EL Butter in Flöckchen

1. Den Kohl waschen, trockenschleudern und in mundgerechte Stücke schneiden. Die Zwiebeln und die Kartoffeln schälen und in Scheiben schneiden. Den Schinken in Würfel schneiden. Kohl, Zwiebeln, Kartoffeln und Schinken in den gewässerten Römertopf® schichten, dabei jede Schicht salzen und pfeffern.
2. Die Lorbeerblätter in die Mitte des Römertopfes® stecken und mit Kartoffeln abschließen. Die Brühe über die Kartoffeln gießen. Den Topf zudecken und in den kalten Backofen stellen. Den Ofen auf 220 °C (Gas Stufe 4; Umluft 200 °C) aufheizen und das Gericht 1 Stunde garen.
3. Die Kartoffeln mit Butterflöckchen belegen und ohne Deckel weitere 15 Minuten garen, bis sie goldbraun sind.

Pro Person 287 kcal / 1205 kJ
26 g KH   27 g E   8 g F

Nudelauflauf

250 g Eiernudeln · Salz · 250 g gekochter Schinken
250 g grüne Bohnen · 4 Frühlingszwiebeln
250 g Champignons · 2 EL gehackte Petersilie
Pfeffer aus der Mühle · 125 g geriebener Käse
1 Ei · 250 g Schlagsahne

1. Die Nudeln in reichlich Salzwasser al dente kochen, in ein Sieb abgießen, mit kaltem Wasser abschrecken und abtropfen lassen. Die Hälfte der Nudeln in den gewässerten Römertopf® geben. Den Schinken in Würfel schneiden. Die Bohnen putzen, waschen und blanchieren. Die Frühlingszwiebeln putzen, waschen und trockentupfen. Die Champignons putzen und in Scheiben schneiden.
2. Schinken mit Bohnen, Frühlingszwiebeln, Champignons, Petersilie, etwas Salz und Pfeffer vermischen und in einer gleichmäßigen Schicht auf den Nudeln verteilen. Mit der Hälfte des Käses bestreuen, darauf die restlichen Nudeln geben. Die Nudeln mit einem Löffel etwas andrücken und den restlichen Käse darüber verteilen. Das Ei mit der Sahne verquirlen und über den Auflauf gießen. Den Römertopf® zugedeckt in den kalten Backofen stellen. Ofen auf 240 °C (Gas Stufe 6; Umluft 220 °C) aufheizen und den Auflauf 30 Minuten backen.
3. Den Deckel entfernen und den Auflauf noch einmal 15 Minuten garen, bis die Oberfläche knusprig und goldfarben ist. Sofort servieren. Dazu schmeckt grüner Salat.

Pro Person 509 kcal / 2136 kJ
21 g KH   32 g E   34 g F

Sultans Pilaw

500 g mageres Lammfleisch ohne Knochen
2 Zwiebeln
2 EL Butterschmalz
600 ml Hühnerbrühe
1 Knoblauchzehe
1 Zimtstange · 4 Nelken
1 Lorbeerblatt
Schale von 1 unbehandelten Zitrone
Salz, Pfeffer aus der Mühle
2 EL getrocknete Datteln
250 ml trockener Weißwein
250 g Langkornreis
250 g Tiefkühl-Erbsen
4 hart gekochte Eier
1 unbehandelte Zitrone

1. Das Lammfleisch waschen, trockentupfen und in Würfel schneiden. Die Zwiebeln schälen und in Ringe schneiden. Das Butterschmalz in einer großen Pfanne erhitzen. Das Lammfleisch darin rundum kräftig anbraten. Mit einem Schaumlöffel in den gewässerten Römertopf® heben. Die Zwiebeln im Bratfett glasig dünsten und zwei Drittel davon zu dem Fleisch in den Römertopf® geben. Das restliche Drittel in der Pfanne goldbraun braten. Abtropfen lassen und beiseite stellen.
2. Etwas Brühe in die Pfanne geben, den Bratensatz lösen und in den Römertopf® gießen. Die restliche Brühe, den durchgepreßten Knoblauch, die Gewürze, das Lorbeerblatt und die kleingeschnittene Zitronenschale dazugeben. Mit

Salz und Pfeffer würzen. Den Topf zudecken und in den kalten Backofen stellen. Den Ofen auf 220 °C (Gas Stufe 4; Umluft 200 °C) aufheizen und das Gericht 1 Stunde garen, bis das Fleisch sehr weich ist.
3. Die Datteln grob hacken. Den Wein, den Reis und die Datteln in den Römertopf® geben und zugedeckt weitere 15 Minuten garen. Die gefrorenen Erbsen unterheben und zugedeckt weitere 20 Minuten garen, dann das Gericht zugedeckt 15 Minuten ruhen lassen. Die hart gekochten Eier vierteln. Die Zitrone in Scheiben schneiden. Den Pilaw mit den Eiern, den Zitronenscheiben und den restlichen Zwiebeln servieren.

Pro Person 692 kcal / 2633 kJ
64 g KH   43 g E   17 g F

Buchweizen-Pilaw

---
1 Zwiebel · 1 Knoblauchzehe · 1 EL Butter
---
125 g getrocknete Aprikosen, ohne Stein
---
2 EL Sultaninen
---
250 g gerösteter Buchweizen · 600 ml Hühnerbrühe

Salz, Pfeffer aus der Mühle
---
250 g geräuchertes Schweinefleisch
---
125 g gekochtes Hähnchenfleisch
---
125 g magerer gekochter Schinken
---
2 EL gehackte Petersilie · 4–6 EL Joghurt
---

1. Die Zwiebel und den Knoblauch schälen und fein würfeln. Die Butter zerlassen, Zwiebel und Knoblauch darin glasig werden lassen. Die Aprikosen hacken und mit den Sultaninen unterrühren und alles weitere 2 Minuten garen.
2. Den Buchweizen in den gewässerten Römertopf® geben, die Zwiebelmischung dazugeben und die Brühe darüber gießen. Mit Salz und Pfeffer würzen und gut verrühren. Den Topf zudecken und in den kalten Backofen stellen. Den Ofen auf 220 °C (Gas Stufe 4; Umluft 200 °C) aufheizen und das Gericht 20 Minuten garen.
3. Schweine- und Hähnchenfleisch sowie den Schinken in Würfel schneiden und über die Buchweizenmischung streuen. Zugedeckt weitere 10 bis 15 Minuten garen und 10 Minuten ruhen lassen, dann das Fleisch und die Petersilie unter den Buchweizen heben und den Pilaw mit etwas Joghurt servieren.

Pro Person 601 kcal / 2522 kJ
69 g KH   34 g E   20 g F

Lammbraten nach Jägerart (Rezept Seite 140)

Feuriger Bohnentopf

250 g getrocknete weiße und rote Bohnen
1 Thymianzweig
3 Salbeizweige
1 Lorbeerblatt
1 Msp geriebene Muskatnuß
2 Möhren
2 Selleriestangen
2 Zwiebeln
600 ml Hühner- oder Gemüsebrühe
Salz, Pfeffer aus der Mühle
125 g Salami nach Belieben
60 g Paniermehl
60 g geriebener Käse

1. Die Bohnen über Nacht in reichlich Wasser einweichen. Am nächsten Tag in ein Sieb abgießen und mit reichlich kaltem Wasser in einen Topf geben. Aufkochen und 10 Minuten kochen lassen, danach abgießen und in den gewässerten Römertopf® geben. Thymian und Salbei waschen, trockenschütteln und die Blättchen abzupfen. Lorbeerblatt, Thymian, Salbei und Muskatnuß über die Bohnen streuen. Die Möhren waschen, schälen und in dünne Scheiben schneiden. Den Sellerie waschen und in dünne Scheiben schneiden. Die Zwiebeln schälen und grob hacken.
2. Möhren, Sellerie und Zwiebeln in dieser Reihenfolge in den Topf geben, ohne die Zutaten zu vermischen. Die Brühe darüber gießen. Den Römertopf® zudecken und in den kalten Backofen stellen. Den Ofen auf 220 °C (Gas Stufe 4;

Umluft 200 °C) aufheizen und das Gericht 1 bis 1 $^1/_2$ Stunden garen, bis die Bohnen weich sind.
3. Die Bohnen mit Salz und Pfeffer abschmecken und mit dem Gemüse verrühren. Die Salami in Würfel schneiden und darüber streuen. Das Paniermehl mit dem Käse verrühren und darüber streuen. Ohne Deckel weitere 15 Minuten garen, bis die Oberfläche schön gebräunt ist.

Pro Person 421 kcal / 1764 kJ
40 g KH   26 g E   17 g F

Couscous

1 Zwiebel
1 rote Paprikaschote
125 g durchwachsener Speck
2 EL gesalzene Erdnüsse
1 EL Olivenöl
250 g Lamm- oder Rinderhackfleisch
500 g Zucchini
1 Dose Pizzatomaten (à 400 g)
Salz, Pfeffer aus der Mühle
250 g Couscous-Grieß
3 EL geriebener Parmesan
3 EL Paniermehl

1. Die Zwiebel schälen und würfeln. Die Paprikaschote waschen, trockenreiben und von Stielansatz und Kernen befreien. Den Speck in Würfel schneiden. Die Erdnüsse hacken. Zwiebel, Paprika und das Olivenöl im gewässerten Römertopf® mischen. Das Fleisch, den Speck und die Erdnüsse dazugeben. Gut vermischen und das Fleisch dabei zerpflücken.
2. Den Topf ohne Deckel in den kalten Backofen stellen. Den Ofen auf 230 °C (Gas Stufe 4–5; Umluft 210 °C) aufheizen und das Gericht 20 Minuten garen. Die Zucchini waschen, trockenreiben und in dicke Scheiben schneiden. Mit den Tomaten in den Topf geben, salzen, pfeffern und zugedeckt weitere 20 Minuten garen.
3. In der Zwischenzeit den Couscous-Grieß in eine Schüssel geben, mit kochendem Wasser 2,5 cm hoch bedecken und 20 Minuten ziehen lassen. Den Couscous über die Fleisch-

Zucchini-Mischung verteilen. Den Parmesan mit dem Paniermehl vermischen und darüber streuen. Ohne Deckel 10 Minuten überbacken, bis die Oberfläche schön gebräunt ist.

Pro Person 688 kcal / 2880 kJ
55 g KH   26 g E   40 g F

Grüne-Linsen-Auflauf

1 Zwiebel
1 Lorbeerblatt
250 g grüne Linsen
600 ml Hühner- oder Gemüsebrühe
Salz, Pfeffer aus der Mühle
500 g frischer Spinat
2 EL Butter
geriebene Muskatnuß
1 EL Weizenmehl
4 EL geriebener Parmesan
250 g Schlagsahne
250 g gekochter Schinken
6 hart gekochte Eier

1. Die Zwiebel schälen, hacken und mit dem Lorbeerblatt und den Linsen im gewässerten Römertopf® vermischen. Die Brühe dazugießen, salzen und pfeffern. Den Topf zudecken und in den kalten Backofen stellen. Den Ofen auf 230 °C (Gas Stufe 4–5; Umluft 210 °C) aufheizen und das Gericht 35 Minuten garen, bis die Brühe fast verkocht ist und die Linsen weich sind.
2. In der Zwischenzeit den Spinat waschen, in einen großen Topf geben und 2 Minuten kochen lassen, bis die Blätter zusammengefallen sind. Den Topf dabei immer wieder hin- und herbewegen. Den Spinat abgießen, grob hacken und in Butter, Salz, Pfeffer und wenig Muskatnuß wenden. Das Mehl, den Parmesan und etwas Salz und Pfeffer in einer Schüssel verrühren. Nach und nach die Sahne unterrühren. Den Schinken in Würfel schneiden. Die Eier schälen und halbieren.

3. Die Linsen im Römertopf® mit dem gewürfelten Schinken mischen, dann mit dem Spinat und den Eiern belegen. Die Sahnemischung darüber gießen und das Gericht ohne Deckel in 10 Minuten goldbraun überbacken.

Pro Person 704 kcal / 2955 kJ
37 g KH   46 g E   41 g F

Backen im Römertopf®

Rohrnudeln

250 g Weizenmehl
½ TL Salz
1 EL Schweineschmalz in Flöckchen
125 ml Milch
1 TL Rohrzucker
2 TL Trockenhefe

1. Das Mehl mit dem Salz in eine Schüssel sieben und das Schweineschmalz unterheben. Die Milch etwas erwärmen, den Zucker hineinstreuen und die Hefe auf die Oberfläche streuen. An einem warmen Ort etwa 15 Minuten ruhen lassen, bis die Hefemilch schaumig geworden ist.
2. Zwei Stücke Backpapier in der Größe des Römertopf®-Bodens zuschneiden. Die Hefemilch zum Mehl geben und alles zu einem glatten Teig verkneten. Zugedeckt an einem warmen Ort ruhen lassen, bis sich das Volumen verdoppelt hat. Den Teig nochmals kurz durchkneten und in vier gleich große Portionen teilen. Aus jedem Viertel ein längliches Brötchen formen, das in den Römertopf® passen sollte. Jeweils 2 Brötchen auf einen Bogen Backpapier legen und an einem warmen Ort gehen lassen, bis sich das Volumen verdoppelt hat.
3. Zwei Brötchen auf dem Backpapier in den gewässerten

Römertopf® legen. Zudecken und in den kalten Backofen stellen. Den Ofen auf 240 °C (Gas Stufe 5; Umluft 220 °C) aufheizen und die Brötchen 40 Minuten backen. Den Deckel abnehmen und weitere 5 Minuten backen, bis die Rohrnudeln leicht gebräunt sind. Mit dem restlichen Teig ebenso verfahren. Auf einem Kuchengitter abkühlen lassen.

Pro Person 275 kcal / 1150 kJ
48 g KH   8 g E   6 g F

Frühstückszopf

---
100 g Rosinen · 500 g Weizenmehl · ¹/₂ TL Salz
---
2 EL Butter oder Schweineschmalz in Flöckchen
---
1 Päckchen Trockenhefe
---
125 ml lauwarme Milch · Öl zum Einfetten
---
1 Ei · 1 EL Mohnsamen
---

1. Rosinen in lauwarmem Wasser einweichen. Das Mehl und das Salz in einer Schüssel vermischen. Das Schweineschmalz und die Hefe unterrühren. 125 ml lauwarmes Wasser sowie die Milch dazugießen und alles in etwa 10 Minuten zu einem glatten Teig verkneten. Dann die Rosinen einarbeiten. Sollte der Teig zu weich sein, noch etwas Mehl unterkneten.
2. Den Teig in 3 gleich große Portionen teilen und aus jedem Drittel einen Strang rollen, der in den Römertopf® paßt. Die 3 Teile an einem Ende miteinander verbinden und zu einem Zopf flechten.
3. Den Boden des gewässerten Römertopfes® mit Backpapier auslegen, die Seiten einfetten. Den Zopf in den Topf legen und in Form klopfen. Zugedeckt an einem warmen Ort ruhen lassen, bis sich das Volumen verdoppelt hat. Mit dem verquirlten Ei bestreichen und mit Mohn bestreuen. Den Römertopf® zudecken und in den kalten Backofen stellen. Den Ofen auf 230 °C (Gas Stufe 4–5; Umluft 210 °C) aufheizen und den Zopf 50 Minuten backen. Den Deckel entfernen und den Zopf weitere 10 Minuten backen, bis er gebräunt und knusprig ist. Auf einem Kuchengitter abkühlen lassen.

Pro Stück (20 Stücke) 119 kcal / 497 kJ
22 g KH   3 g E   2 g F

Kabanossibrot

Öl zum Einfetten
500 g Weizenmehl
1 TL Salz
2 EL Butter oder Schweineschmalz in Flöckchen
1 Päckchen Trockenhefe
1 EL getrockneter Majoran
3 Kabanossi-Würste

1. Den Boden des gewässerten Römertopfes® mit Backpapier auslegen. Die Seiten mit Öl einfetten. Das Mehl und das Salz in eine Schüssel geben. Das Fett, die Hefe und den Majoran untermischen. 250 ml lauwarmes Wasser dazugeben und alles in etwa 10 Minuten zu einem glatten Teig verkneten.
2. Die Kabanossi erst in 1 cm dicke Scheiben, dann in Würfel schneiden. Die Kabanossiwürfel unter den Teig kneten. Den Teig zu einem Laib formen und in den Römertopf® legen. An einem warmen Ort ruhen lassen, bis sich das Volumen verdoppelt hat.
3. Den Topf zudecken und in den kalten Backofen stellen. Den Ofen auf 230 °C (Gas Stufe 4–5; Umluft 210 °C) aufheizen und das Brot 50 Minuten backen. Den Deckel abnehmen und weitere 10 Minuten backen, bis der Laib braun und knusprig ist. Auf ein Kuchengitter legen und etwas abkühlen lassen. In dicke Scheiben schneiden und warm servieren.

Pro Scheibe (20 Scheiben) 138 kcal / 575 kJ
18 g KH   4 g E   5 g F

Maisbrot

180 g Maismehl
60 g Weizenmehl
1 TL Salz
1 TL Backpulver
1 TL Natron
60 g zerlassene Butter
500 ml Milch
Saft von $^1/_2$ Zitrone
2 Eier
Öl zum Einfetten

1. Das Maismehl, das Weizenmehl, das Salz, das Backpulver und das Natron vermischen. In die Mitte eine Mulde drücken und die Butter, die Milch, den Zitronensaft sowie die Eier hineingeben. Alles zu einem weichen, dickflüssigen Teig verrühren.
2. Den gewässerten Römertopf® mit Öl einfetten und den Teig hineingießen. Zudecken und in den kalten Backofen stellen. Den Ofen auf 230 °C (Gas Stufe 4–5; Umluft 210 °C) aufheizen und das Brot 30 Minuten backen. Den Deckel abnehmen und weitere 5 Minuten backen, bis sich das Brot fest anfühlt und goldbraun ist. Mit einem Metallspieß in die Mitte stechen. Wenn an dem Spieß noch Teig klebt, ist das Brot noch nicht fertig gebacken. Warm zu Eintöpfen und ähnlich kräftigen Gerichten reichen.

Pro Scheibe (20 Scheiben) 91 kcal / 381 kJ
10 g KH   3 g E   4 g F

Zucchinibrot

Öl zum Einfetten · 250 g Weizenmehl
¹/₂ Päckchen Trockenhefe
125 g Butter · 1 TL Zimt
125 g Rohrzucker · 125 g Sultaninen
125 g gehackte Walnüsse
125 g Zucchini · 1 Ei
125 ml Milch

1. Den Boden des gewässerten Römertopfes® mit Backpapier auslegen und die Topfseiten einfetten. Das Mehl in eine Schüssel sieben, die Hefe, die Butter, den Zimt, den Zucker, die Sultaninen und die Walnüsse unterrühren.
2. Die Zucchini raspeln und die dabei entstehende Flüssigkeit gut ausdrücken. Die Zucchiniraspel gleichmäßig unter die Mehlmischung heben. Das Ei und die Milch unterrühren und alles zu einem Teig verarbeiten. In den Römertopf® geben und die Oberfläche glattstreichen.
3. Den Topf zudecken und in den kalten Backofen stellen. Den Ofen auf 200 °C (Gas Stufe 3; Umluft 180 °C) aufheizen und das Brot 1 Stunde garen. Den Deckel abnehmen und weitere 8 bis 10 Minuten backen, bis eine braune Kruste entstanden ist. Mit einem Metallspieß in das Brot stechen. Wenn noch Teig daran kleben bleibt, ist der Laib noch nicht fertig. Auf einem Kuchengitter abkühlen lassen, in Scheiben schneiden und mit Butter bestreichen.

Pro Scheibe (20 Scheiben) 183 kcal / 768 kJ
20 g KH   3 g E   10 g F

Schokoladen-Honig-Kuchen

350 g Weizenmehl
½ TL Salz
75 g Butter in Flöckchen
3 EL Rohrzucker
200 ml Milch
3 TL Trockenhefe
250 g Zartbitterschokolade
2 EL kandierte Früchte
4 EL Nüsse (z. B. Pecannüsse, Walnüsse, Haselnüsse)
3 EL flüssiger Honig
2 EL Rosinen
2 TL Zimtpulver
Puderzucker zum Bestreuen

1. Das Mehl und das Salz in eine Schüssel sieben und die Butterflöckchen darauf verteilen. 2 EL Zucker untermischen. Den restlichen Zucker in die lauwarme Milch rühren und die Hefe darüber streuen. An einem warmen Ort 15 Minuten ruhen lassen, bis die Hefemilch schaumig geworden ist. Die Hefemilch zum Mehl geben und alles in etwa 10 Minuten zu einem glatten Teig verkneten. Zugedeckt an einem warmen Ort ruhen lassen, bis sich das Volumen verdoppelt hat.
2. In der Zwischenzeit die Schokolade, die kandierten Früchte und die Nüsse hacken. Mit dem Honig, den Rosinen und dem Zimt vermischen. Den Teig nochmals kurz durchkneten und zu einer ovalen, etwa 1 cm dicken Platte ausrollen. Die Schokoladenmischung darauf verteilen, dabei einen Rand freilassen. Den Rand mit Wasser befeuchten. Den Teig aufrollen und die Ränder gut zusammendrücken.

3. Den gewässerten Römertopf® mit Backpapier auslegen und den Laib hineinlegen. Zudecken und an einem warmen Ort ruhen lassen, bis sich das Volumen verdoppelt hat. In den kalten Backofen stellen. Den Ofen auf 230 °C (Gas Stufe 4–5; Umluft 210 °C) aufheizen und den Kuchen 45 Minuten backen. Ohne Deckel weitere 10 Minuten backen. Auf einem Kuchengitter abkühlen lassen und mit Puderzucker bestreuen.

Pro Stück (12 Stücke) 329 kcal / 1379 kJ
42 g KH   6 g E   15 g F

Desserts aus dem Römertopf®

Gebackene Äpfel

500 g säuerliche Äpfel
250 g getrocknete Aprikosen, ohne Stein
60 g Zucker
2 EL Mandelblättchen
Schlagsahne oder Vanillesauce zum Servieren

1. Die Äpfel schälen, das Kerngehäuse ausstechen und die Äpfel in Scheiben schneiden. Die Aprikosen grob hacken. Mit den Apfelscheiben und dem Zucker in den gewässerten Römertopf® geben. Zudecken und in den kalten Backofen stellen. Den Ofen auf 220 °C (Gas Stufe 4; Umluft 200 °C) aufheizen und die Äpfel 40 Minuten garen, bis sie weich sind.
2. Die Mandeln darüber streuen und die Äpfel ohne Deckel weitere 5 bis 10 Minuten garen, bis die Mandeln gebräunt sind. Mit steif geschlagener Sahne oder Vanillesauce servieren.

Pro Person 290 kcal / 1216 kJ
60 g KH   4 g E   2 g F

Bratäpfel

4 große Kochäpfel

4 EL gemischte getrocknete Früchte

4 EL feiner brauner Zucker

1 TL Zimtpulver

abgeriebene Schale und Saft von 1 unbehandelten Orange

2 EL zerlassene Butter

Schlagsahne oder Vanillesauce zum Servieren

1. Die Äpfel waschen und trockenreiben. Das Kerngehäuse ausstechen und die Schalen mehrmals mit einer Gabel einstechen. Ein Stück Backpapier in den gewässerten Römertopf® legen und die Äpfel darauf setzen.
2. Die getrockneten Früchte fein hacken. Den Zucker mit dem Zimt, den getrockneten Früchten, der Orangenschale und dem Orangensaft verrühren. Die Füllung in die Kerngehäuseöffnungen geben und festdrücken. Die Butter darüber träufeln.
3. Den Topf zudecken und in den kalten Backofen stellen. Den Ofen auf 240 °C (Gas Stufe 5; Umluft 220 °C) aufheizen und die Äpfel 40 bis 50 Minuten garen, bis sie weich sind. Die Backzeit hängt von der Apfelsorte und der Größe der Äpfel ab. Mit steif geschlagener Sahne oder Vanillesauce servieren.

Pro Person 168 kcal / 702 kJ
30 g KH   1 g E   5 g F

Bananendessert

4 große, feste Bananen
60 g feiner brauner Zucker
1 TL Zimtpulver
60 g Butter in Flöckchen
4 EL kandierte Früchte
4 EL Weinbrand
Schlagsahne oder Eiscreme zum Servieren

1. Die Bananen schälen, längs halbieren und in den gewässerten Römertopf® legen. Den Zucker mit dem Zimt vermischen und darüber streuen. Die Butterflöckchen darauf verteilen. Den Topf zudecken und in den kalten Backofen stellen. Den Ofen auf 220 °C (Gas Stufe 4; Umluft 200 °C) aufheizen und die Bananen 30 bis 35 Minuten garen, bis der Zucker geschmolzen ist und die Bananen heiß und saftig sind.
2. Die kandierten Früchte hacken. Den Weinbrand über die Bananen gießen und flambieren. Wenn die Flammen verlöschen, die Bananen auf Tellern anrichten und mit den kandierten Früchten garnieren. Dazu steif geschlagene Sahne oder Eiscreme servieren.

Pro Person 350 kcal / 1465 kJ
50 g KH   2 g E   13 g F

Winterliches Fruchtdessert

400 g gemischte Trockenfrüchte
500 ml Rotwein
2 Kardamomsamen
1 Zimtstange
Schale und Saft von 1 unbehandelten Orange
4 EL Weinbrand
2–4 EL flüssiger Honig

1. Die Früchte in eine Schüssel geben. Den Wein dazugießen und, wenn nötig, etwas Wasser dazugeben, um die Früchte vollständig zu bedecken. Zudecken und über Nacht ziehen lassen.
2. Die Früchte mit der Flüssigkeit in den gewässerten Römertopf® geben. Den Kardamom, die Zimtstange und den Orangensaft dazugeben. Die Hälfte der Orangenschale fein schneiden und zu den Früchten geben. Zudecken und in den kalten Backofen stellen. Den Ofen auf 190 °C (Gas Stufe 2–3; Umluft 170 °C) aufheizen und die Früchte 1 Stunde garen, bis sie weich sind. Vor dem Servieren mit Weinbrand und Honig abschmecken. Heiß oder kalt servieren.

Pro Person 414 kcal / 1732 kJ
70 g KH   4 g E   1 g F

Apfel-Blätterteig

Für 6 Personen
1 kg säuerliche Äpfel
2 EL Zitronat
2 EL Orangeat
125 g Zucker
4 EL Rosinen
abgeriebene Schale und Saft von 1 unbehandelten Orange
6 Nelken
250 g Tiefkühl-Blätterteig
Mehl zum Ausrollen
Milch und Rohrzucker zum Glasieren

1. Die Äpfel schälen, das Kerngehäuse ausstechen und die Äpfel in Scheiben schneiden. Zitronat und Orangeat fein hacken. Mit den Apfelscheiben, dem Zucker und den Rosinen in den gewässerten Römertopf® geben. Die Orangenschale darüber streuen. Den Orangensaft über die Äpfel träufeln und die Nelken in der Mitte der Apfelmischung verteilen.
2. Den Blätterteig auftauen lassen und auf leicht bemehlter Arbeitsfläche so ausrollen, daß er 5 cm größer als der Römertopf®-Rand ist. Den Rand des Römertopfes® mit Wasser befeuchten. Rundum 2,5 cm Rand von der Blätterteigplatte abschneiden und auf den Römertopf®-Rand drücken. Den Rand der Teigplatte befeuchten. Die Teigplatte jetzt auf den Römertopf® legen und den Rand der Teigplatte auf den Blätterteigrand drücken, der schon auf dem Römertopf® befestigt ist.
3. Die Teigränder einschneiden. In die Mitte der Teigplatte ein

kleines Loch einstechen, den Teig mit Milch bestreichen und mit Rohrzucker bestreuen. Römertopf® in den kalten Backofen stellen. Den Ofen auf 220 °C (Gas Stufe 4; Umluft 200 °C) aufheizen und das Gericht 30 Minuten garen. Die Temperatur auf 160 °C (Gas Stufe 1–2; Umluft 140 °C) reduzieren und weitere 10 Minuten garen, bis die Äpfel weich sind.

Pro Person 401 kcal / 1677 kJ
71 g KH   7 g E   11 g F

Rhabarber-Feigen-Kompott

1 kg Rhabarber
3 EL kandierter Ingwer
125 g Zucker
1 Dose grüne Feigen in Sirup (à 425 g)
6 kleine Zitronenmelissezweige

1. Den Rhabarber abziehen und in 5 cm lange Stücke schneiden. Den Ingwer fein hacken. Rhabarber mit dem Zucker und dem Ingwer in den gewässerten Römertopf® legen. Die Feigen aus der Dose abtropfen lassen, dabei den Sirup auffangen. Die Früchte beiseite stellen. Den Sirup zum Rhabarber gießen.
2. Römertopf® zugedeckt in den kalten Backofen stellen. Den Ofen auf 220 °C (Gas Stufe 4; Umluft 200 °C) aufheizen und den Rhabarber 40 Minuten garen, bis er weich, aber nicht breiig ist. Die Garzeit hängt von Alter und Dicke der Stangen ab.
3. Die Feigen und die Zitronenmelisse vorsichtig unter den Rhabarber heben und zugedeckt weitere 5 Minuten garen, um die Feigen zu erwärmen. Jede Portion mit Zitronenmelisse garnieren.

Pro Person 269 kcal / 1130 kJ
59 g KH   3 g E   1 g F

Brombeer-Pfirsich-Auflauf

Für 6 Personen

500 g Brombeeren · 160 g Rohrzucker

5 Pfirsiche · 1 Zimtstange

200 g Mehl · 50 g Butter in Flöckchen

etwa 125 ml Milch

Mehl zum Ausrollen

Rohrzucker zum Bestreuen

etwas Zitronensaft

1. Die Brombeeren waschen, trockentupfen und mit 125 g Zucker in den gewässerten Römertopf® geben. 4 Pfirsiche schälen, halbieren, entsteinen, in Scheiben schneiden und mit der Zimtstange in den Topf geben. Die Früchte gut vermischen. Den Topf zudecken und in den kalten Backofen stellen. Den Ofen auf 220 °C (Gas Stufe 4; Umluft 200 °C) aufheizen und die Früchte 40 Minuten garen.
2. Das Mehl in eine Schüssel geben und die Butter untermischen. Den restlichen Zucker und soviel Milch unterkneten, daß ein weicher Teig entsteht. Den Teig auf leicht bemehlter Arbeitsfläche 2 cm dick ausrollen und daraus Kreise von etwa 3 cm Durchmesser ausstechen.
3. Die Kreise dachziegelartig auf die Früchte legen. Mit Milch bestreichen, mit Zucker bestreuen und ohne Deckel weitere 15 bis 20 Minuten garen, bis die Teigkreise schön gebräunt sind. Den restlichen Pfirsich halbieren, entsteinen, in Scheiben schneiden, mit Zitronensaft beträufeln und mit den Pfirsichen im Teig servieren.

Pro Person 357 kcal / 1495 kJ
62 g KH   6 g E   9 g F

Schokoladendessert mit Himbeersauce

Für 6 Personen
Öl zum Einfetten
125 g Mehl
4 EL Kakaopulver
125 g Rohrzucker
125 g weiche Butter
2 TL Vanillemark
100 g fein gehackte Walnüsse
2 Eier
3 EL flüssiger Honig
250 g Himbeeren
3 EL Puderzucker
1 EL Zitronensaft
1 TL Zimtpulver
Schlagsahne und frische Früchte zum Servieren

1. Ein Stück Backpapier in der Größe des Römertopf®-Bodens zuschneiden und in den Topf legen. Die Topfseiten einfetten. Das Mehl mit dem Kakaopulver und dem Rohrzucker in einer Schüssel verrühren. Die Butter, das Vanillemark, die Hälfte der Nüsse und die Eier dazugeben. Alles mit den Schneebesen des Handrührgerätes zu einem glatten Teig verarbeiten. Den Teig in den Römertopf® geben und glattstreichen. Die restlichen Nüsse darauf streuen.
2. Den Topf zugedeckt in den kalten Backofen stellen. Den Ofen auf 200 °C (Gas Stufe 3; Umluft 180 °C) aufheizen und das Dessert 50 Minuten garen. Die Schokoladenmasse

sollte sich fest anfühlen. Den Honig darüber träufeln und zugedeckt weitere 5 Minuten garen.
3. In der Zwischenzeit die Himbeeren waschen und putzen. Mit dem Zucker, dem Zitronensaft und dem Zimt in eine hohe Schüssel geben und mit dem Stabmixer pürieren. Das Dessert in quadratische Portionen teilen. Mit steif geschlagener Sahne, der Himbeersauce und frischen Früchten servieren.

Pro Person 543 kcal / 2272 kJ
56 g KH   9 g E   31 g F

Ananas-Birnen-Topf

Für 6 Personen
8 feste Birnen
250 g Ananasstückchen mit Sirup, aus der Dose
75 g Weizenmehl
60 g Butter in Flöckchen
125 g Kokosnußplätzchen
griechischer Joghurt zum Servieren

1. Die Birnen schälen, entkernen und in Spalten schneiden. Mit den Ananasstückchen und dem Sirup in den gewässerten Römertopf® geben.
2. Das Mehl in eine Schüssel geben. Die Butter und die zerbröselten Kokosnußplätzen untermischen und alles zwischen den Fingern zerreiben. Die Mischung über die Früchte streuen. Den Topf zudecken und in den kalten Backofen stellen. Den Ofen auf 220 °C (Gas Stufe 4; Umluft 200 °C) aufheizen und die Früchte 30 Minuten garen.
3. Den Deckel abnehmen und die Früchte weitere 10 Minuten garen, bis die Kruste goldbraun und knusprig ist. Die Birnen sollen weich sein. Mit griechischem Joghurt servieren.

Pro Person 338 kcal / 1413 kJ
49 g KH   4 g E   14 g F

Karamelisierter Reispudding

60 g Milchreis
3 EL Rohrzucker
1 TL Vanillemark
abgeriebene Schale von 1 unbehandelten Zitrone
1 Zimtstange
750 ml Milch
4 EL feiner brauner Zucker

1. Den Reis in den gewässerten Römertopf® geben. Den Rohrzucker, das Vanillemark, die Zitronenschale, die Zimtstange und die Milch dazugeben. Den Topf zudecken und in den kalten Backofen stellen. Den Ofen auf 190 °C (Gas Stufe 2–3; Umluft 170 °C) aufheizen und den Reis 2 bis $2\,^1/_2$ Stunden garen, dabei alle 30 Minuten durchrühren.
2. Die Backofentemperatur auf 240 °C (Gas Stufe 5; Umluft 220 °C) erhöhen. Die Zimtstange entfernen. Die Oberfläche des Puddings glattstreichen und den braunen Zucker gleichmäßig darüber streuen. Ohne Deckel weitere 5 bis 8 Minuten garen, bis der Zucker geschmolzen und leicht karamelisiert ist. Sofort servieren.

Pro Person 240 kcal /1005 kJ
37 g KH   7 g E   7 g F

Kirschenmichel

(siehe Foto Seite 183)

---

4 alte Brötchen · 250 g Magerquark

80 g Zucker · 4 Eier

Schale einer unbehandelten Zitrone

1 Prise Salz

1 Glas Kirschen (Abtropfgewicht 400 g)

¹/₄ l Milch · 1 Tl Zimtpulver

1 EL Zucker

FÜR DIE SAUCE

¹/₄ l Kirschsaft · 1 TL Speisestärke

---

1. Die Brötchen in Scheiben schneiden und die Hälfte auf dem Boden des gewässerten Römertopfes® verteilen.
2. Quark mit 2 Eiern, 60 g Zucker, Salz und der abgeriebenen Zitronenschale verrühren. Die Masse auf den Brötchenscheiben verteilen. Die Kirschen in einem Sieb abtropfen lassen und den Saft auffangen. Die Kirschen darauf geben und die restlichen Brötchenscheiben draufschichten. Milch mit den Eiern und dem restlichen Zucker verquirlen und über den Kirschenmichel gießen. Den Zimt mit dem Zucker mischen und darüber streuen.
3. Den Römertopf® zudecken und in den kalten Backofen stellen. Den Ofen auf 200 °C (Gas Stufe 3; Umluft 180 °C) aufheizen und den Kirschenmichel ca. 1 ¹/₄ Stunden garen. Den Kirschsaft erhitzen und mit Speisestärke andicken. Die Kirschsauce zum Kirschenmichel reichen.

Pro Person 487 kcal / 2045 kJ
84 g KH   14 g E   10 g F

Pflaumenauflauf

500 g Pflaumen · 5 EL Zucker

5 cl Orangenlikör

250 ml Milch

75 g Zucker

1 Päckchen Vanillezucker

1 Prise Salz

3 Eier · 125 g Mehl

1. Die Pflaumen waschen, entstielen, entsteinen und mit Zucker bestreuen. Den Orangenlikör darüber träufeln und 1 Stunde ziehen lassen. Abgießen und die Flüssigkeit auffangen.
2. Die aufgefangene Flüssigkeit, Milch, Zucker, Vanillezucker, Salz, Eier und Mehl im Mixer verrühren. Ein Drittel davon in den gewässerten Römertopf® gießen, die Pflaumen hineingeben und den Rest darüber verteilen. Den Römertopf® zugedeckt in den kalten Backofen stellen. Den Ofen auf 220 °C (Gas Stufe 4; Umluft 200 °C) aufheizen und den Pflaumenauflauf 70 Minuten backen.

Pro Person 453 kcal / 1897 kJ
76 g KH   12 g E   8 g F

Der Römertopf® in der Mikrowelle

Jakobsmuscheln mit Estragon

½ Bund Estragon
3 Petersilienzweige
1 Frühlingszwiebel
125 g Butter
Fleisch von 16 Jakobsmuscheln oder Garnelen
3 Scheiben Toastbrot ohne Rinde
125 g saure Sahne
Salz, Pfeffer aus der Mühle
Estragonblätter zum Garnieren

1. Estragon und Petersilie waschen, trockenschütteln und die Blättchen fein hacken. Die Frühlingszwiebel putzen, waschen und fein hacken. Die Hälfte der Butter in eine kleine Schüssel geben und auf höchster Stufe in der Mikrowelle in 1 Minute schmelzen. Die Muscheln in den gewässerten Römertopf® geben, die Kräuter, die Frühlingszwiebel und die Butter unterrühren. Den Topf zudecken und die Muscheln auf mittlerer Stufe etwa 10 Minuten garen, dabei einmal umrühren.
2. In der Zwischenzeit die restliche Butter in einer Pfanne erhitzen. Toastbrot diagonal vierteln und darin auf beiden

Seiten goldbraun braten. Auf vorgewärmte Teller geben. Die saure Sahne unter die Muscheln rühren, mit Salz und Pfeffer abschmecken und 1 Minute auf mittlerer Stufe garen. Auf den Brotscheiben verteilen und mit Estragonblättern garniert servieren.

Pro Person 358 kcal /1500 kJ
14 g KH   8 g E   30 g F

Paella

1 Zwiebel
2 Knoblauchzehen
1 grüne Paprikaschote
2 Chorizo-Würste (span. Knoblauchwurst)
2 Hähnchenbrüste, ohne Knochen und Haut
350 g Langkornreis
1 Döschen gemahlener Safran
625 ml Hühnerbrühe
125 ml trockener Weißwein
Salz, Pfeffer aus der Mühle
350 g gekochte Garnelen
250 g gekochte Tiefkühl-Miesmuscheln
reichlich gehackte Petersilie

1. Die Zwiebel und den Knoblauch schälen und fein würfeln. Die Paprikaschote waschen, trockenreiben, von Stielende und Kerngehäuse befreien und in Würfel schneiden. Die Chorizo-Würste in dünne Scheiben schneiden. Das Hähnchenfleisch waschen, trockentupfen und in Würfel schneiden. Die Zwiebel-, Knoblauch- und Paprikawürfel mit der Chorizo und dem Hähnchenfleisch im gewässerten Römertopf® mischen. Zudecken und auf höchster Stufe 15 Minuten garen.
2. Den Reis und den Safran dazugeben, dann die Brühe und den Wein dazugießen. Mit Salz und Pfeffer würzen. Zugedeckt auf höchster Stufe 15 Minuten garen, umrühren, dann auf mittlerer Stufe weitere 15 Minuten garen.
3. Garnelen und Muscheln aus der Tiefkühltruhe sollten vor der Zubereitung aufgetaut werden. Auf den Reis legen und

zugedeckt auf mittlerer Stufe weitere 10 Minuten garen. Die Garnelen, die Muscheln und die Petersilie mit dem Reis vermischen, mit Salz und Pfeffer abschmecken und servieren. Dazu schmecken Weißbrot und Salat.

Pro Person 740 kcal / 3095 kJ
74 g KH   66 g E   17 g F

Geschmorte Rinderlende

1 Zwiebel · 1 Möhre · 2 EL Öl
750 g Rinderlende
1 EL Mehl · 250 ml Rinderbrühe
250 g Pilze
Worcestershiresauce
1 Lorbeerblatt
Salz, Pfeffer aus der Mühle
Petersilienblätter zum Garnieren

1. Die Zwiebel und die Möhre schälen und würfeln. In eine Schüssel geben und das Öl zufügen, die Schüssel zudecken und das Gemüse auf höchster Stufe 5 Minuten garen.
2. In der Zwischenzeit das Fleisch quer zur Faser in dünne Scheiben schneiden. Die Rinderlende in den gewässerten Römertopf® geben. Das Mehl unter die Zwiebelmischung mischen und nach und nach mit der Brühe aufgießen. Die Mischung über das Fleisch gießen. Die Pilze putzen, in Scheiben schneiden und mit etwas Worcestershiresauce und dem Lorbeerblatt dazugeben. Zudecken und auf höchster Stufe 15 Minuten garen.
3. Auf mittlerer Stufe weitere 45 Minuten garen, dabei zweimal umrühren, bis das Fleisch gar ist. Zugedeckt etwa 10 Minuten ruhen lassen. Mit Salz und Pfeffer abschmecken, mit Petersilie bestreuen und servieren.

Pro Person 305 kcal / 1284 kJ
3 g KH   42 g E   14 g F

Kirschenmichel (Rezept Seite 176)

Hähnchenrisotto

1 Zwiebel
1 rote Paprikaschote
3 Hähnchenbrüste, ohne Knochen und Haut
2 EL Öl
1 Knoblauchzehe
1 Lorbeerblatt
125 g Champignons
350 g Langkornreis
250 ml trockener Weißwein
500 ml Hühnerbrühe
Salz, Pfeffer aus der Mühle
4–6 EL frisch geriebener Parmesan
2 EL gehackte Petersilie
125 g Schlagsahne nach Belieben
Petersilie zum Garnieren

1. Die Zwiebel schälen und würfeln. Die Paprikaschote waschen, trockenreiben, von Stielansatz und Kerngehäuse befreien und würfeln. Das Hähnchenfleisch waschen, trockentupfen und in Würfel schneiden. Mit dem Öl, den Zwiebelwürfeln und dem zerdrückten Knoblauch im gewässerten Römertopf® vermischen. Das Lorbeerblatt dazugeben und alles zugedeckt auf höchster Stufe 10 Minuten garen.
2. Die Pilze putzen und in Scheiben schneiden. Die Pilze und den Reis unterrühren. Den Wein und die Brühe dazugießen und mit Salz sowie Pfeffer würzen. Zugedeckt auf höchster Stufe 15 Minuten garen.

3. Vorsichtig verrühren und auf mittlerer Stufe weitere 15 Minuten garen. Zugedeckt 5 Minuten ruhen lassen. Der Reis sollte weich und das Risotto feucht sein. Mit Salz und Pfeffer abschmecken. Den Käse, die Petersilie und die Sahne unterheben und zugedeckt auf höchster Stufe weitere 2 Minuten garen. 2 Minuten ruhen lassen, dann den Reis mit einer Gabel auflockern und das Risotto mit Petersilie garniert servieren.

Pro Person 698 kcal / 2913 kJ
71 g KH   49 g E   19 g F

Spaghetti mit Hähnchen

1 große Zwiebel
1 grüne Paprikaschote
1 Knoblauchzehe
2 EL Olivenöl
4 EL Tomatenmark
125 ml Rotwein
125 ml Hühnerbrühe
4 Tomaten
125 g Pilze
1 Lorbeerblatt
Salz, Pfeffer aus der Mühle
4 Hähnchenbrüste, ohne Knochen und Haut
350 g Spaghetti
1 Bund gehacktes Basilikum
frisch geriebener Parmesan zum Servieren

1. Die Zwiebel schälen und würfeln. Die Paprikaschote waschen, trockenreiben, von Stielansatz und Kerngehäuse befreien und würfeln. Den Knoblauch schälen und durchpressen. Das Öl, die Zwiebel- und die Paprikawürfel und den Knoblauch in einer Schüssel verrühren. Die Schüssel zudecken und das Gericht auf höchster Stufe 5 Minuten garen.
2. Das Tomatenmark, den Wein und die Brühe unterrühren. Tomaten heiß überbrühen, häuten, entkernen und grob hacken. Die Pilze putzen und in Scheiben schneiden. Die Tomatenstücke, die Pilze und das Lorbeerblatt in den gewässerten Römertopf® geben. Mit Salz und Pfeffer würzen.

Die Hähnchenbrüste waschen, trockentupfen, in Scheiben schneiden und darauf verteilen. Die Zwiebelmischung darüber gießen. Zudecken und auf höchster Stufe etwa 10 Minuten garen. Gut umrühren und auf mittlerer Stufe weitere 20 Minuten garen, dabei einmal umrühren.
3. In der Zwischenzeit die Spaghetti in reichlich kochendem Salzwasser nach Packungsanleitung garen. Abgießen und auf Tellern verteilen. Die Hähnchensoße darauf geben und mit Basilikum bestreuen. Dazu Parmesan reichen.

Pro Person 635 kcal / 2658 kJ
68 g KH   65 g E   9 g F

Marinierte Lammkeule

1 kg Lammkeule ohne Knochen
2 Knoblauchzehen
Saft von 1 Zitrone
1 TL getrockneter Oregano
125 ml Rotwein
250 g Tomaten
1 Zwiebel
2 EL Olivenöl
1 EL Tomatenmark
2 TL Zucker
125 ml Hühnerbrühe
Salz, Pfeffer aus der Mühle
125 g Pilze
1 Lorbeerblatt

1. Das Lammfleisch waschen, trockentupfen, in dünne Scheiben schneiden und in eine Schüssel geben. Den Knoblauch schälen, durchpressen und mit dem Zitronensaft, dem Oregano und dem Wein untermischen. Zugedeckt 1 bis 2 Tage im Kühlschrank ziehen lassen, dabei gelegentlich umrühren.
2. Die Tomaten überbrühen, häuten und würfeln. Die Zwiebel schälen und grob hacken. Mit dem Öl in eine Schüssel geben und auf höchster Stufe 3 Minuten garen. Das Tomatenmark, den Zucker, die Tomatenstücke, die Brühe und etwas Salz und Pfeffer dazugeben.
3. Das Fleisch mit der Marinade in den gewässerten Römertopf® geben. Die Pilze putzen, in Scheiben schneiden und darauf verteilen. Die Zwiebelmischung darauf gießen. Das

Lorbeerblatt dazugeben. Zudecken und auf höchster Stufe 15 Minuten garen. Umrühren und auf mittlerer Stufe zugedeckt weitere 45 Minuten garen, bis das Fleisch weich ist. Dabei zweimal umrühren. Vor dem Servieren 10 Minuten ruhen lassen. Dazu schmecken Nudeln mit Butter und grüne Bohnen.

Pro Person 604 kcal / 2529 kJ
8 KH   48 g E   40 g F

Schweinefleisch süß-sauer

1 Zwiebel
1 Möhre
1 grüne Paprikaschote
2 EL Öl
2 EL Tomatenketchup
2 EL Sojasauce
2 EL trockener Sherry
1 TL Sesamöl
2 magere Schweinefilets
1 TL Speisestärke
1 EL Weinessig
1 EL Zucker
250 g Ananasstückchen mit Sirup, aus der Dose
Petersilie zum Garnieren

1. Die Zwiebel und die Möhre schälen und in dünne Scheiben schneiden. Die Paprikaschote waschen, trockenreiben, halbieren, von Stielansatz und Kerngehäuse befreien und in feine Streifen schneiden. Die Zwiebel, die Möhren und die Paprika mit dem Öl in einer Schüssel verrühren. Zudecken und auf höchster Stufe 5 Minuten garen. Das Ketchup, die Sojasauce, den Sherry und das Sesamöl unterrühren.
2. Die Filets waschen, trockentupfen und in den gewässerten Römertopf® legen. Das Gemüse darauf verteilen. Zudecken und auf höchster Stufe 15 Minuten garen. Die Filets wenden und auf mittlerer Stufe zugedeckt in weiteren 25 Minuten fertig garen.
3. In der Zwischenzeit die Stärke mit dem Weinessig und dem

Zucker verrühren. 2 EL Ananassirup dazugeben, die Mischung in den Römertopf® geben und sorgfältig mit der Garflüssigkeit verrühren. Die abgetropften Ananasstückchen unterheben. Zugedeckt weitere 5 Minuten garen, um die Soße anzudicken. Vor dem Servieren 5 Minuten ruhen lassen. Mit Petersilie garnieren.

Pro Person 308 kcal /1272 kJ
22 g KH   29 g E   10 g F

Hackbraten

500 g Schweinehackfleisch
500 g Rinderhackfleisch
125 g Paniermehl
Salz, Pfeffer aus der Mühle
1 Zwiebel
2 EL gehackte Petersilie
1 TL getrockneter Majoran
1 Ei · 1 EL Tomatenmark
1 EL Senf
Salatblätter zum Garnieren

1. Das Schweine- und das Rinderhackfleisch mit dem Paniermehl vermischen. Mit Salz und Pfeffer würzen. Die Zwiebel schälen, fein hacken und mit der Petersilie, dem Majoran, dem verquirlten Ei, dem Tomatenmark und dem Senf untermischen. Die Zutaten gut verrühren.
2. Die Mischung in den gewässerten Römertopf® geben. Zudecken und auf höchster Stufe 10 Minuten garen. Auf mittlerer Stufe weitere 30 Minuten garen. 10 Minuten zugedeckt ruhen lassen. Mit einer Gabel in der Mitte kontrollieren, ob das Hackfleisch durch ist. Zum Servieren in Scheiben schneiden. Dazu Salat und neue Kartoffeln oder Bratkartoffeln reichen.

Pro Person 710 kcal / 2972 kJ
25 g KH   53 g E   45 g F

Extrarezepte
(nicht aus dem Römertopf®)

Von Aioli bis Zitronenpfeffer

Aioli

1 Eigelb
1 TL Zitronensaft
1 TL Senf
Salz
100 ml Olivenöl
2 Knoblauchzehen

1. Eigelb, Zitronensaft, Senf und etwas Salz mit einem Handrührgerät etwa 2 Minuten auf mittlerer Stufe verrühren.
2. Das Olivenöl zuerst tröpfchenweise, dann im dünnen Strahl dazulaufen lassen. Weiterrühren, bis eine Mayonnaise entstanden ist.
3. Die Knoblauchzehen schälen, durchpressen und unter die Mayonnaise rühren. Schmeckt gut zu Fischgerichten und Rohkost.

Croûtons

4 mitteldicke Scheiben Brot
4 EL Olivenöl oder Butterschmalz

Die Brotscheiben in Würfel schneiden und in Öl oder Butterschmalz braten. Die Croûtons während des Bratens immer wieder wenden, um eine gleichmäßig Bräunung zu erhalten. Wenn sie knusprig und goldfarben sind, herausnehmen und auf Küchenpapier abtropfen lassen.

Guacamole

Zutaten für 250 ml
2 reife Avocados
Saft von 1 Limette
1 Bund Koriander
1 mittelgroße Zwiebel
1 EL Olivenöl
1 rote Chilischote nach Belieben
2 Tomaten
Salz

1. Avocados halbieren, den Stein entfernen und das Fruchtfleisch mit einem Eßlöffel herauslösen. Mit einer Gabel grob zerkleinern und mit dem Limettensaft beträufeln. Koriander waschen, trockenschütteln und fein hacken. Zwiebel schälen und fein würfeln.
2. Die Hälfte der Avocados, des Korianders und der Zwiebeln mit dem Olivenöl in einem Mixer pürieren.
3. Chilischote waschen, halbieren, den Stiel entfernen und entkernen. Chilischote fein hacken. Tomaten waschen, trockenreiben, quer halbieren, die Kerne herausdrücken und das Fruchtfleisch fein würfeln.
4. Avocadopüree mit den restlichen Avocadostücken, den Zwiebeln, dem Koriander, der Chilischote und den Tomaten verrühren. Mit Salz abschmecken. Als köstlicher Dip mit Chili-Chips als Vorspeise ein Hit. Kann nicht aufbewahrt werden.

Knoblauchbrot

3 Knoblauchzehen
100 g weiche Butter
2 El frisch geriebener Parmesan
1 TL getrockneter Thymian
1 Baguette

1. Die Knoblauchzehen schälen und durchpressen. Mit der Butter mischen und den Parmesan und den Thymian unterrühren.
2. Das Baguette längs halbieren und die Buttermischung darauf verstreichen. Dicke Scheiben einschneiden, aber nicht durchschneiden.
3. Das Baguette für 3 bis 5 Minuten unter den Backofengrill schieben. Heiß servieren.

Minze-Joghurt-Sauce

Zutaten für 350 ml
2 Bund Minze
1 Knoblauchzehe
300 ml griechischer Joghurt
1 EL Olivenöl
½ EL Zitronensaft
Salz, Pfeffer aus der Mühle

1. Minze waschen, trockenschütteln und fein hacken. Knoblauchzehe schälen und durchpressen.
2. Joghurt, Olivenöl, Zitronensaft, Salz und Pfeffer verrühren. Knoblauch untermischen und die Minze unterrühren. Vor dem Servieren etwa 1 Stunde kalt stellen. Die Sauce schmeckt gut zu Geflügel und Lamm. Sie kann nicht aufbewahrt werden.

Pesto

Zutaten für 250 ml
3 Bund Basilikum
2 Knoblauchzehen
40 g Pinienkerne
100 ml Olivenöl
100 g frisch geriebener Parmesan
Salz, Pfeffer aus der Mühle

1. Basilikum waschen, trockenschütteln und grob hacken. Knoblauchzehen schälen und durchpressen. Mit Basilikum, Pinienkernen, Olivenöl und Parmesan in einen Mixer geben und pürieren. Mit Salz abschmecken.
2. In luftdichten Gläsern hält sich Pesto etwa 5 Tage. Beim Servieren sollte es Zimmertemperatur haben.

Rouille

2 kleine rote, scharfe Pfefferschoten
4 Knoblauchzehen
1 kleine gekochte Kartoffel
1 Prise Salz
1 Prise Safran
1 Eigelb
100 ml Olivenöl
2–3 EL Fischfond

Die Pfefferschoten entkernen und in Stücke schneiden. Die Kartoffel würfeln. Mit den anderen Zutaten in einen Mixer geben und pürieren. Statt der gekochten Kartoffel können Sie auch ein altbackenes Brötchen nehmen, das Sie entrinden und in etwas Wasser einweichen. Die Rouille sollte immer frisch zur Bouillabaisse gemacht und sofort verbraucht werden.

Salsa verde

Zutaten für 250 ml Sauce
3 Schalotten
3 Bund Petersilie
2 Bund Basilikum
2 Knoblauchzehen
3 EL Kapern
abgeriebene Schale und Saft von 1 $^1/_2$ unbehandelten Zitronen
175 ml Olivenöl
Salz, Pfeffer aus der Mühle

1. Schalotten schälen und fein würfeln. Kräuter waschen, trockenschütteln und hacken. Knoblauchzehen schälen und fein hacken.
2. Schalotten, Kräuter, Knoblauch, Kapern, Zitronenschale und -saft, Olivenöl, etwas Salz und Pfeffer im Mixer pürieren.
3. In einem luftdichten Glas hält sich die Sauce im Kühlschrank 1 Woche. Beim Servieren sollte sie Zimmertemperatur haben.

Zitronenpfeffer

abgeriebene Schale von 1 unbehandelten Zitrone
Pfeffer aus der Mühle
1 Prise Salz

Pfeffer von etwa 10 Umdrehungen aus der Pfeffermühle mit der Zitronenschale und dem Salz vermischen. Zum Würzen von Fleisch und Fischgerichten verwenden. Zitronenpfeffer hält sich in einem verschlossenen Glas im Kühlschrank ca. 12 Wochen.

Rezepte nach Sachgruppen

Suppen und Eintöpfe aus dem Römertopf®

Bohnensuppe, bunt   26
Bohnensuppe, mexikanisch   35
Bouillabaisse   21
Bunte Gemüsesuppe   31
Erbsensuppe   30
Jambalaya   24
Lauch-Kartoffel-Suppe   34
Linsensuppe, indisch   32
Muschelsuppe   33
Nudeleintopf   38
Rindfleischsuppe mit Garnelen, thailändisch   37
Sommer-Minestrone   36
Winter-Minestrone   28

Gemüse im Römertopf®

Auberginen, gefüllt   54
Fenchel mit Tomaten und Zwiebeln   42
Freilandgurken, gefüllt   49
Gemüseragout   47
Glasierte Möhren   44

Kartoffeln mit Erbsen   46
Kartoffeln mit Pinienkernen   45
Kürbis mit Schinkenwürfeln   50
Mangold   39
Ratatouille   40
Spitzpaprika, gefüllt   48
Wirsingrouladen   52
Zucchini mit Pilzen   43
Zucchini, gebacken   51

Fisch im Römertopf®

Dorsch auf dem Zucchinibett   56
Fisch, überbacken   64
Fischertopf mit Fenchel   66
Heilbutt auf Spinat   65
Lachs mit Frühlingszwiebeln   55
Makrelenröllchen auf Gurkengemüse   61
Renken, gefüllt   62
Scholle auf Gemüse   58
Schwertfisch mit Limette, mariniert   60
Thunfisch, gebacken   63

Geflügel aus dem Römertopf®

Coq au Vin   72
Ente à l'Orange   96
Entenbrust auf Zuckererbsen   86
Hähnchen mit Auberginen und Orangen   78
Hähnchen mit Orangenfüllung   75
Hähnchen, arabisch   76
Hähnchen, marokkanisch   81

Hähnchenbrust auf Gemüse, mariniert 68
Hähnchenbrust auf Trockenfrüchten 80
Hähnchenkeulen mit Brokkoli 71
Hähnchenkeulen mit Frühlingszwiebeln 74
Hühnerschenkel mit Paprika-Tomaten-Gemüse 70
Knoblauchente mit Linsen 99
Poularde, gefüllt 95
Pute, geschmort 90
– Hackfleisch-Pilz-Füllung 94
– Kastanienfüllung 92
– Wurstbrätfüllung 93
Puten-Involtini 82
Putengeschnetzeltes, ungarisch 84

Fleisch aus dem Römertopf®

Burgunderbraten 132
Fleischbällchen mit Zwiebeln 112
Fleischtopf mit scharfer Tomatensauce 106
Geschnetzeltes vom Schwein 102
Irish Stew 136
Kalbs-Involtini mit Champignons und Artischocken 120
Kalbsrollbraten 118
Kotelettbraten 111
Kotelettbraten mit Rotkohl 104
Lamm mit Wirsing 138
Lammbraten nach Jägerart 140
Lammfilets mit Äpfeln 134
Lammkeule 137
Ossobuco 116
Rinderbrust mit Weißkohl 126

Rinderschmorbraten mit Champignons   128
Rinderschmortopf mit Zwiebeln,
   gewürzt   124
Rindfleisch mit Süßkartoffeln, mariniert   122
Röstbraten   127
Sauerbraten   130
Schinken, glasiert   114
Schweinebraten   103
Schweinefleisch »Jamaica«, mariniert
   108
Schweinekoteletts mit Kürbis   100
Schweinelende mit Sauerkraut   98
Spareribs   110

Pikante Aufläufe

Brokkoli-Auflauf   141
Buchweizen-Pilaw   148
Couscous   152
Feuriger Bohnentopf   150
Grüne-Linsen-Auflauf   154
Grünkohl-Auflauf   144
Hackfleisch-Kartoffel-Auflauf   143
Kartoffeln, gebacken   142
Nudelauflauf   145
Sultans Pilaw   146

Backen im Römertopf®

Frühstückszopf   158
Kabanossibrot   159
Maisbrot   160

Rohrnudeln 156
Schokoladen-Honig-Kuchen 162
Zucchinibrot 161

Desserts aus dem Römertopf®

Ananas-Birnen-Topf 174
Äpfel, gebacken 164
Apfel-Blätterteig 168
Bananendessert 166
Bratäpfel 165
Brombeer-Pfirsich-Auflauf 171
Fruchtdessert, winterlich 167
Kirschenmichel 176
Pflaumenauflauf 177
Reispudding, karamelisiert 175
Rhabarber-Feigen-Kompott 170
Schokoladendessert mit Himbeersauce 172

Der Römertopf® in der Mikrowelle

Hackbraten 192
Hähnchenrisotto 184
Jakobsmuscheln mit Estragon 178
Lammkeule, mariniert 188
Paella 180
Rinderlende, geschmort 182
Schweinefleisch süß-sauer 190
Spaghetti mit Hähnchen 186

Extrarezepte
(nicht aus dem Römertopf®)

Aioli   193
Croûtons   194
Guacamole   195
Knoblauchbrot   196
Minze-Joghurt-Sauce   197
Pesto   198
Rouille   199
Salsa verde   200
Zitronenpfeffer   201

Alphabetisches Rezeptverzeichnis

A
Aioli 193
Ananas-Birnen-Topf 174
Äpfel, gebacken 164
Apfel-Blätterteig 168
Arabisches Hähnchen 76
Auberginen, gefüllt 54

B
Bananendessert 166
Bohnensuppe, bunt 26
Bohnensuppe, mexikanisch 35
Bohnentopf, feurig 150
Bouillabaisse 21
Bratäpfel 165
Brokkoli-Auflauf 141
Brombeer-Pfirsich-Auflauf 171
Buchweizen-Pilaw 148
Bunte Bohnensuppe 26
Bunte Gemüsesuppe 31
Burgunderbraten 132

C
Coq au Vin 72
Couscous 152
Croûtons 194

D Dorsch auf dem Zucchinibett   56

E Ente à l'Orange   96
Entenbrust auf Zuckererbsen   86
Erbsensuppe   30

F Fenchel mit Tomaten und Zwiebeln   42
Feuriger Bohnentopf   150
Fisch, überbacken   64
Fischertopf mit Fenchel   66
Fleischbällchen mit Zwiebeln   112
Fleischtopf mit scharfer Tomatensauce   106
Freilandgurken, gefüllt   49
Fruchtdessert, winterlich   167
Frühstückszopf   158

G Gebackene Äpfel   164
Gebackene Kartoffeln   142
Gebackener Thunfisch   63
Gebackene Zucchini   51
Gefüllte Auberginen   54
Gefüllte Freilandgurken   49
Gefüllte Poularde   95
Gefüllte Renken   62
Gefüllte Spitzpaprika   48
Gemüseragout   47
Gemüsesuppe, bunt   31
Geschmorte Pute   90
Geschmorte Rinderlende   182
Geschnetzeltes vom Schwein   102
Glasierte Möhren   44

Glasierter Schinken 114
Grüne-Linsen-Auflauf 154
Grünkohl-Auflauf 144
Guacamole 195

H   Hackbraten 192
Hackfleisch-Kartoffel-Auflauf 143
Hähnchen mit Auberginen und Orangen 78
Hähnchen mit Orangenfüllung 75
Hähnchen, arabisch 76
Hähnchen, marokkanisch 81
Hähnchenbrust auf Gemüse, mariniert 68
Hähnchenbrust auf Trockenfrüchten 80
Hähnchenkeulen mit Brokkoli 71
Hähnchenkeulen mit Frühlingszwiebeln 74
Hähnchenrisotto 184
Heilbutt auf Spinat 65
Hühnerschenkel mit Paprika-Tomaten-Gemüse 70

I   Indische Linsensuppe 32
Irish Stew 136

J   Jakobsmuscheln mit Estragon 178
Jambalaya 24

K   Kabanossibrot 159
Kalbs-Involtini mit Champignons und Artischocken 120

Kalbsrollbraten 118
Karamelisierter Reispudding 175
Kartoffeln mit Erbsen 46
Kartoffeln mit Pinienkernen 45
Kartoffeln, gebacken 142
Kirschenmichel 176
Knoblauchbrot 196
Knoblauchente mit Linsen 88
Kotelettbraten 111
Kotelettbraten mit Rotkohl 104
Kürbis mit Schinkenwürfeln 50

L Lachs mit Frühlingszwiebeln 55
Lamm mit Wirsing 138
Lammbraten nach Jägerart 140
Lammfilets mit Äpfeln 134
Lammkeule 137
Lammkeule, mariniert 188
Lauch-Kartoffel-Suppe 34
Linsensuppe, indisch 32

M Maisbrot 160
Makrelenröllchen auf Gurkengemüse 61
Mangold 39
Marinierte Hähnchenbrust auf Gemüse 68
Marinierte Lammkeule 188
Mariniertes Rindfleisch mit Süßkartoffeln 122
Mariniertes Schweinefleisch »Jamaica« 108
Marokkanisches Hähnchen 81
Mexikanische Bohnensuppe 35
Minestrone, sommerlich 36
Minestrone, winterlich 28

Minze-Joghurt-Sauce 197
Möhren, glasiert 44
Muschelsuppe 33

N Nudelauflauf 145
Nudeleintopf 38

O Ossobuco 116

P Paella 180
Pesto 198
Pflaumenauflauf 177
Poularde, gefüllt 95
Puten-Involtini 82
Putengeschnetzeltes, ungarisch 84

R Ratatouille 40
Reispudding, karamelisiert 175
Renken, gefüllt 62
Rhabarber-Feigen-Kompott 170
Rinderbrust mit Weißkohl 126
Rinderlende, geschmort 182
Rinderschmorbraten mit Champignons 128
Rinderschmortopf mit Zwiebeln 124
Rindfleisch mit Süßkartoffeln, mariniert 122
Rindfleischsuppe mit Garnelen, thailändisch 37
Rohrnudeln 156
Röstbraten 127
Rouille 199

S Salsa verde   200
Sauerbraten   130
Schinken, glasiert   114
Schokoladen-Honig-Kuchen   162
Schokoladendessert mit Himbeersauce   172
Scholle auf Gemüse   58
Schweinebraten   103
Schweinefleisch »Jamaica«, mariniert   108
Schweinefleisch süß-sauer   190
Schweinekoteletts mit Kürbis   100
Schweinelende mit Sauerkraut   98
Schwertfisch mit Limette, mariniert   60
Sommer-Minestrone   36
Spaghetti mit Hähnchen   186
Spareribs   110
Spitzpaprika, gefüllt   48
Sultans Pilaw   146

T Thailändische Rindfleischsuppe
mit Garnelen   37
Thunfisch, gebacken   63

U Überbackener Fisch   64
Ungarisches Putengeschnetzeltes   84

W Winter-Minestrone   28
Winterliches Fruchtdessert   167
Wirsingrouladen   52

Z Zitronenpfeffer   201
Zucchini mit Pilzen   43
Zucchini, gebacken   51
Zucchinibrot   161

Kulinarische Reiseführer

Maria de Lluc Vicens
Die Küche Mallorcas
Die schönsten Originalrezepte
von der Sonneninsel
07/4734

Rotraud Degner
So kocht Italien
Die 200 besten Rezepte aus
allen Regionen
07/4678

Edda Meyer-Berkhout
Die Küche Spaniens
Tapa, Tortilla, Paella –
Traditionsreiche Gerichte von
Barcelona bis Sevilla
07/4644

Syed Abdullah
Indische Küche
200 Originalrezepte aus dem
Land mit der ältesten Eßkultur
07/4654

Ho Fu-Lung
Aus Chinas Küchen
300 Rezepte aus dem Reich
der Mitte
07/4724

Jane Michael-Rushmer
Die Original Thailändische Küche
Exotische Köstlichkeiten
zum Nachkochen
07/4479

Alla Sacharow
Russische Küche
Die 400 besten Rezepte aus
allen Regionen Rußlands
07/4685

Joanne Weir
Die amerikanische Küche
Die 200 besten Rezepte aus
allen Staaten Amerikas
07/4688

HEYNE-TASCHENBÜCHER

Die gute Küche

Das Standardwerk österreichischer Kochkunst von Ewald Plachutta, Dreihaubenkoch in Wien, und Christoph Wagner, Österreichs meistgelesenem Gourmetkritiker.

07/4694

Heyne-Taschenbücher